図解でわかる 改訂2版

# 金融のしくみ
## いちばん最初に読む本

神谷俊彦 監修

アニモ出版

# はじめに

　金融は「経済の血液」といわれます。金融なくして経済はありえず、流れが滞っただけでも経済の具合が悪くなるものです。

　と聞くと、遠い世界の話のようですが、血液がからだの隅々まで行き渡っているように、金融は私たち一人ひとりの生活や仕事に深く関わっています。預貯金、ローン、代金決済、保険…そして投資。私たちの生活も仕事も、金融のしくみなしにはありえません。

　しかし、世界にまたがる金融のしくみは、巨大で複雑なものです。たとえば、安全で効率のよい投資のしかたを知りたい、海外市場の動向が日本にどう影響するかを知りたいなどと思っても、簡単なことではないでしょう。

　そこでこの本では、金融のしくみの基本の基本を、できるだけ簡単にまとめました。これまで金融に縁がなかった人でも理解しやすいよう、図解を使ってわかりやすく説明しています。

　ですからこの本は、次のような方に読んでいただきたい本です。
- ●金融機関で働く人や就職をめざしている人
- ●企業の経営者や財務の担当者など、金融に関わる仕事をする人
- ●個人で投資を始めたいと考えている人
- ●金融と経済、景気、株価などの関係を知りたい人

　このような方々が、金融のしくみの理解を深め、仕事や生活に役立てていただければ、こんなにうれしいことはありません。

2023年5月

城西コンサルタントグループ会長

神谷　俊彦

## 3章 ｜ 「金融商品」にもいろいろある

CONTENTS

## 4章 「金融機関」が金融商品を販売する

# 5章 「金融市場」では何が取引されているのか

CONTENTS

# 6章 日銀は「金融政策」で何を行なっているのか

# 7章 「金融危機」はなぜ起こるのだろう

## **8章** 市場を発展させてきた「金融技術」

CONTENTS

執筆協力◎和田秀実

カバーデザイン◎水野敬一

本文ＤＴＰ＆図版＆イラスト◎伊藤加寿美（一企画）

# 1章

## そもそも「金融」って何だろう

Finance

# 01 世の中に「お金の融通」が必要なワケ

## 私たちはお金を貸したり借りたりしている

「金融」は「お金を融通する」という意味です。お金を貸したり借りたりすること、その働き、そのためのしくみ、そこで起こる現象などをひっくるめて金融といいます。

私たちは銀行に預金することを「貯蓄」、株などを購入することを「投資」といったりしますが、簡単にいえば、どれもお金を貸すことにほかなりません。

一方、企業では株式を発行して資本金を集めたり、社債を発行したりしますが、どれも要するにお金を借りるということです。

このようなお金の貸し借り──融通が金融なのです。

## お金があるところから足りないところへ

では、どこからどこにお金を融通するのでしょうか。

世の中には、お金があるところと、足りないところがあるものです。そこで、お金があるところから足りないところへ、融通できるようにするのが金融の働きです。

たとえば、働いて貯めたお金がある人と、事業を広げるためのお金が足りない企業があったとしましょう。

お金がある人は、タンスにしまっておいてもしかたがないので、お金に働いてもらいたいと考えます。一方、お金が足りない企業は、どこかから借りられないかと考えることでしょう。

この両者のニーズを、マッチングさせるのが金融の働きです。

お金がある人が銀行に預金したとすると、（わずかですが）利息

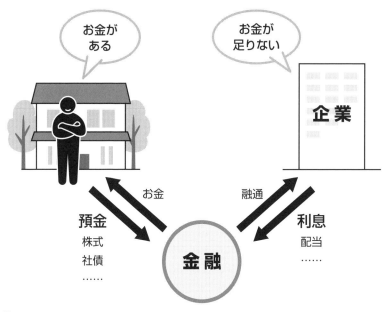

**金融は「お金を融通」する**

お金が
ある

お金が
足りない

企業

お金　　　　　融通

預金　　　　　　　　　　　利息
株式　　　　　　　　　　　配当
社債　　　　　　　　　　　……
……

金融

お金がある人のニーズと、お金が足りない企業のニーズを
金融がマッチングします

が受け取れます。銀行はその預金などを元に、お金が足りない企業
に融資し、企業はそのお金で事業を広げられるわけです。

## (¥) 株や社債を買うのも金融のうち

　お金がある人は、銀行に預金する代わりに証券会社に行って、企
業が新たに発行した株式や社債を購入することもできます。

　そうすると、株の配当や社債の利息が受け取れ、企業も資金を手
にすることができるでしょう。これも金融の働きです。預金は「**間
接金融**」、株や社債は「**直接金融**」といいます（☞32ページ）。

# 02

## もしも現代社会に「金融」がなかったら

### 💴 企業は儲けた利益の範囲でしか活動できない

　金融は、現代では必要不可欠のものになっています。

　たとえば、金融というものがなくて、企業がまったくお金を借りられないとしたらどうでしょう。

　企業は、自分で儲けた利益の範囲でしか事業を広げることができず、経済の発展は遅々としたものになるに違いありません。

　それどころか、運転資金がなくなったら即アウトです。生産も販売もストップし、給料も払えなくなって倒産ということになります。

　そもそも、お金がない人は企業を起こすことができません。出資を募るということができないからです。もともと、お金持ちの人だけが、企業を起こせることになってしまいます。

### 💴 政府は税金の範囲でしか公共サービスができない

　一方、金融がない世界では政府も、財政を縮小せざるをえません。

　近年、国の歳入に占める国債の割合は、日本の場合4割前後。金融がなければこれもなくなるのですから、政府が提供する公共サービスは軒並み4割減になります。

　社会保障も公共事業も現在の水準の6割程度、もちろん地方交付税や交付金も6割になるでしょうから、地方自治体の公共サービスも縮小します。

### 💴 個々人はお金を貯めてからクルマや家を買う

　一人ひとりの生活は、どうなるでしょうか。マイカーローンも住

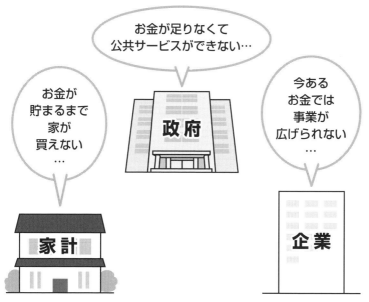

もしも金融の働きがなかったら…

お金が足りなくて
公共サービスができない…

政府

お金が
貯まるまで
家が
買えない
…

今ある
お金では
事業が
広げられない
…

家計

企業

企業も政府も一人ひとりの個人も、できることが限られ
世の中は停滞してしまいます

宅ローンもないので、クルマやマイホームを手に入れるのはお金が
貯まってから。

　クルマを買うのは中年に差しかかってから、マイホームは定年間
際、なんてことが当たり前になるかもしれません。

　しかも銀行はないので、お金は自宅に現金を貯めておくしかない
でしょう。さすがに、タンスにしまっておくわけにもいかないので、
家を買おうという人は大きな金庫が必要です。

　私たちは金融が当たり前の世界で暮らしているので、ふだんは気
づきませんが、金融がないとこんなに困ることになるのです。

# 03

# 金融は「経済の血液」である

## ¥ 金融は「決済」の機能も持っている

お金の貸し借り以外にも、金融には大事な働きがあります。

ひとつは「**決済**」の機能です。現代では現金以外にも、何かの代金を支払う手段がたくさんあります。振込み、振替え（口座引落し）、クレジットカード決済、手形と小切手、電子マネー……。

これらの決済手段は代金の支払いだけでなく、たとえば仕送りなど、個人間の送金にも利用されています。現代の生活には欠かせない、大事な金融の働きといえるでしょう。

また、個人にとっての保険、企業にとってのデリバティブ（☞154ページ）など、リスクヘッジを金融の働きのひとつとしてあげることもあります。

## ¥ 経済は「企業」「家計」「政府」で成り立つ

こうした働きが、経済にとって重要なことはいうまでもありません。そこで金融は、「**経済の血液**」と呼ばれています。

金融という血液が順調に流れなければ、経済という身体は活発に動くことも、成長することもできないという意味です。

では具体的に、金融は経済に対してどんな働きをしているのでしょうか。

経済にはいろいろな見方がありますが、マクロ経済学では、経済は大きく分けて「企業」「家計」「政府」の３つで成り立つとされます。家計とは、個人の経済活動のことです。

この３つは、経済の活動を支える単位という意味で「**経済主体**」

## 「経済」はこうして成り立っている

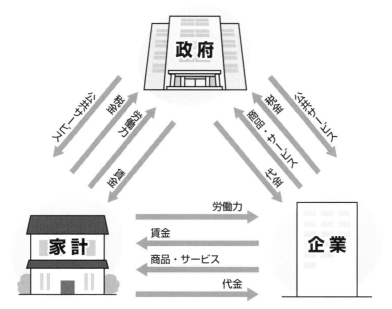

商品・サービスや労働力、公共サービスを提供して
代金や賃金、税金を受け取っています

といいます。

　そこで、3つの経済主体の関係をあらわすのが上の図です。たとえば企業は、家計と政府に対して商品やサービスを提供し、代金を受け取っていることがわかるでしょう。

　同様に家計は、企業と政府に対して労働力を提供し、賃金を受け取っています。そして政府は、企業と家計に公共サービスを提供し、代わりに税金を受け取っているわけです。

　では、こうした経済のお金の流れに対して、金融のお金の流れはどうなっているでしょうか。（次項に続く）

# 04 「マネー経済」の お金の流れがすなわち金融

## ¥ 「実物経済」に対して「マネー経済」がある

前ページの図からわかるように、経済では、お金（代金・賃金・税金）は、商品・サービスや労働力、公共サービスの対価として、商品などの流れと逆の方向に流れるものです。

このような経済を「**実物経済**」とか「**実体経済**」といいます。

一方、金融の世界では、預金や株・債券の購入など、広い意味でお金を貸すことに対して、その対価として支払われるのが利息や配当です。つまり、商品やサービスなどではなく、「お金がお金を生む」のです。

そうすると、商品やサービスの対価として得られるお金の流れとは別に、もうひとつのお金の流れができます。これが「**マネー経済**」とか「**金融経済**」と呼ばれるもので、要するに金融です。

## ¥ マネー経済が実物経済を維持・発展させてきた

実物経済を維持し発展していくためには、マネー経済が欠かせません。実物経済のお金の流れを「**産業的流通**」、マネー経済のお金の流れを「**金融的流通**」といいますが、金融的流通がないと、14ページでお話したような世界になってしまうからです。

ですから、マネー経済は昔から存在していたのですが、かつてはその規模は実物経済の10分の１程度といわれていました。

しかし現在、世界を流れるお金の９割以上がマネー経済によるものといわれています。なぜ、そのようなことになっているのでしょうか。（次項に続く）

## 実物経済とマネー経済のお金の流れ

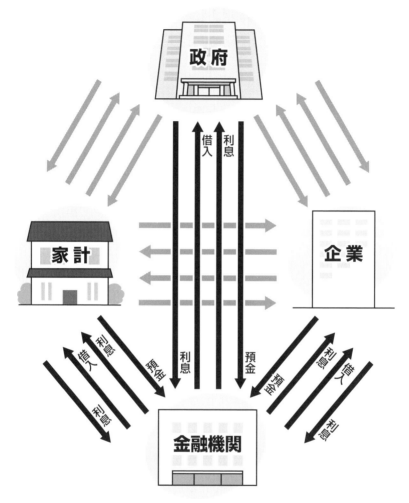

政府

家計

企業

金融機関

借入　利息

利息　預金

利息　借入　利息　預金　利息　借入　利息

➡ 実物経済のお金の流れ「産業的流通」
➡ マネー経済のお金の流れ「金融的流通」

マネー経済では預金や株の購入などでお金を貸して
対価として利息などを受け取っています

# 05 現代の金融のしくみ＝「金融システム」とは

## ⚥ マネー経済では「お金がお金を生む」

　もともとの金融は、お金があるところから足りないところへ、融通をするためのものです。

　しかし一方で、金融＝マネー経済は「お金がお金を生む」経済でもあります。しかも、株式投資などでは利息（配当）以外にも、値上がり益まで期待できるのです（☞30ページ）。

　そこで、事業や生活のためにお金を融通しあうのでなく、お金を増やすために、金融を利用する人や企業が出てきます。それが急激に拡大し、**実物経済とマネー経済の関係が逆転**したというわけです。

## ⚥ 金融システムがすなわち「金融のしくみ」

　急激に拡大したマネー経済では、さまざまな「**金融商品**」が開発されています（☞3章）。金融商品を販売するのは、さまざまな「**金融機関**」です（☞4章）。その金融商品は「**金融市場**」で取引されます（☞5章）。

　このような金融商品、金融機関、金融市場、それに資金の決済制度（☞16ページ）、さらに法的な「**金融規制**」（☞136ページ）なども含めて、「**金融システム**」と呼びます。

　そして、金融システムの安定のために「**金融政策**」を決定し、お金の量や金利を調整しているのが日銀です（☞6章）。

　しかし、巨大化、複雑化したマネー経済では、市場が混乱するリスクも高まり、世界は「**金融危機**」も体験しました（☞7章）。誰もが金融のしくみについて、知っておく必要がある時代なのです。

## このような金融のしくみを「金融システム」と呼ぶ

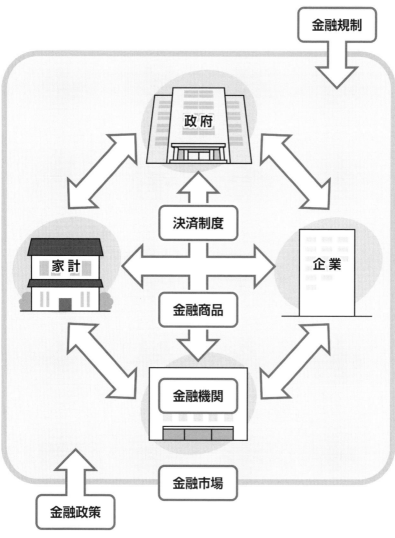

「金融商品」は「金融機関」が販売し、「金融市場」で
取引されるが、「金融規制」や「金融政策」の影響も

# そもそも「お金」って何だろう

　金融のしくみによって融通される「お金」とは、そもそも何なのでしょうか。

　お金は、別の言い方では「貨幣」とか「通貨」といいます。どれもほぼ同じ意味ですが、通貨というのは「流通する貨幣」というニュアンスが強くなる言い方です。

　ちなみに日銀では、日銀が発行するお札と、政府が発行する硬貨を区別するために、お札は「銀行券」、硬貨を「貨幣」と呼びます。両方を合わせた言い方が「通貨」ですが、実は通貨は紙幣と貨幣、つまり現金だけではありません。

　「現金通貨」のほかに「預金通貨」があり、普通預金や当座預金など、いつでも引き出せる預金（要求払い預金）も通貨のうちです。つまり、お金（通貨）には現金通貨と預金通貨があります。

　いずれにしても、お金に必要とされるのが3つの機能です。①モノやサービスの価値を明確にあらわす（価値の尺度）、②取引や支払いの手段になる（交換・流通の手段）、③価値を貯めておく手段になる（価値の貯蔵手段）の3つの機能が必要とされています。

　そこで、預金通貨について考えてみると、現金と同様に3つの機能をもっていることがわかるでしょう。預金の多い・少ないで価値がわかるし、引き落としなどで支払いの手段にもなります。そして、普通預金などはお金を貯めておく手段として、最も一般的なものです。

　だから預金通貨も「お金」なのです。

# 2章

# 最初に知っておきたい
# 金融の基本

Finance

# 06

# 「金利」とは
# いったい何だろう

## ¥ 元本に対する利息の率が金利

金融は「お金がお金を生む」世界です。

その、お金を生むしくみのひとつが「**金利**」。要するに、お「**金**」を貸すことで得られる「**利**」益ということです。金融のしくみの、基本中の基本といってよいでしょう。

金利のことを「**利子**」や「**利息**」ということもありますが、こちらは元本というお金の親が生んだお金＝利益という「子息」の意味になります。

金利との違いは、金利が通常は○％という比率であらわすのに対して、利子や利息は×円という金額であらわすこと。つまり、**元本に対する利息の比率が金利**、という関係なのです。

## ¥ とくにことわりがなければ「年利」

ですから、金利のことを「**利率**」と呼んだりもします。文字どおり、利息の比率です。

利息を計算する期間によって、年利・月利・日歩とありますが、とくにことわりなく金利と表示されている場合は、通常、年利であらわされています。

ちなみに利子と利息は、借りた人が支払うのを利子、貸した人が受け取るのを利息と、使い分けることも一般的です。また、銀行預金は利息、ゆうちょ銀行の貯金では利子と呼ぶことに気づいた人もいるでしょう。

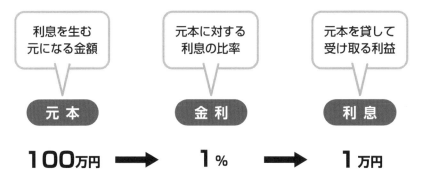

### お金を貸して得られる利益が「金利」「利息」

| 利息を生む<br>元になる金額 | 元本に対する<br>利息の比率 | 元本を貸して<br>受け取る利益 |
| --- | --- | --- |
| 元 本 | 金 利 | 利 息 |
| 100万円 ➡ | 1% ➡ | 1万円 |

> 金利は通常パーセンテージであらわし、
> 利息や利子は金額であらわします

## ¥ 金利はなぜ支払わなければならない？

　それにしても、お金を借りるとなぜ金利が発生し、貸した側は利益を得ることができるのでしょうか。

　いろいろな学説がありますが、いちばんシンプルなのはリース料やレンタル料と同じで、何かを借りたら「借り賃」を払わなければならないというものです。

　そのほか、貸した分のお金で自分で事業をしていれば利益が得られた——その機会を貸した人に譲った損失という意味で「機会損失」といいますが、その機会損失分が金利だという説もあります。

　さらに、お金を返してもらえないなど、お金を貸すことに関するさまざまなリスクをとることに対するリターンなど、金利の根拠についてはいろいろな説があるのです。

# 07 金利はなぜ 上がったり下がったりするのか

## ¥ 昔の金利はいまの金利の1,000倍以上あった

金利は、そのときどきで上がったり下がったりします。

たとえば、日本の普通預金の金利は、1980年には3％近く、1990年のバブル期には2％以上ありました。普通預金に100万円預けておくだけで、年に3万円か2万円の利息が付いたわけです。

しかし、2023年5月現在では普通預金金利は0.001％。1980年の3,000分の1、100万円を1年間預けてわずか10円の利息です。

ここ20数年は低い水準ですが、それでもわずかな上下はあります。金利はなぜ、このように変動するのでしょうか。

## ¥ 金利はお金の需要と供給の関係で決まる

基本的には、商品の値段などと同じく、金利も需要と供給の関係で決まります。つまり、お金を借りたい人が多くて、世の中にお金が足りないと金利は上がるわけです。

反対に、お金が余っていて、お金を借りたい人が少ないと金利は下がります。その意味では、ここ20数年の日本では、お金の需要が少ない状態が続いているといえるでしょう。

もちろん、具体的な金利は、預貯金の種類や融資の契約などによって変わるものです。

## ¥ 金利は経済との関係で上がったり下がったりする

具体的な金利は預貯金の種類などで変わりますが、全体的な金利の水準は経済に大きな影響を与えます。

## 金利は上がったり下がったりしている

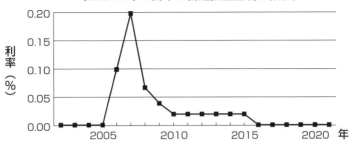

〈ここ20年の日本の普通預金金利の推移〉

※日銀金融経済統計月報より作成（boj.or.jp）

> 1980年には3％近くあった普通預金金利も
> 2023年には0.001％しかありません

　まず一般論として、経済の状態――景気がよいと金利の水準は上がるのが普通です。お金を借りてでも事業を拡大しようとする企業や、ローンを組んで家やクルマを購入する人が増えるからです。

　しかし、金利の水準が上がると、企業は資金を借りてまで事業を拡大しようとはしなくなります。家庭でもローンは敬遠されて、消費が減ることでしょう。すなわち、景気は次第に冷え込むのです。

　こうして景気が悪化すると、金利は下がります。すると企業は資金を借りやすくなるので、徐々に設備投資などに積極的になるでしょう。家庭でも、ローンで家やクルマを購入する人が増えます。

　かくして設備投資や消費が増え、次第に景気がよくなるわけです。

　このように金利の水準は、一般に景気の変動を抑える方向に働きます。

　こうした金利の水準と景気の関係を利用して、金利から景気を調整しようとするのが、日銀の「**金融政策**」です（☞124ページ）。

# 08 金利と「景気」の わかりにくい関係

## ¥ 金利は「経済の体温計」といわれる

　金利と景気の基本的な関係は、前項で見たようなものです。図解すると、右の上の図のようになります。

　金利には**短期金利**と**長期金利**がありますが（☞124ページ）、このうちの長期金利が景気の動向に先行して動くといわれるのは、こうした関係があるからです。

　長期金利は、いわば市場が予測する将来の短期金利のようなもの。実質経済成長率や物価上昇率などの予測から決まるとされます。

　長期金利が、経済活動の活発さを予測する「経済の体温計」といわれるのはそのためです。

## ¥ インフレやデフレで思いどおりにいかないことも

　しかし、金利と景気の関係が基本的な動きばかりするとは限りません。

　たとえば、景気が悪化しているのにインフレが起きると、景気が悪くて下がるはずの金利が下がらず、逆に上がって景気をより悪化させることがあります。

　スタグネーション（不況）とインフレーション（☞36ページ）を合わせて、「**スタグフレーション**」と呼ばれる現象です。

　反対にデフレだと、金利が下がって景気がよくなるはずですが、金利がいくら下がっても一向に景気が回復しないこともあります。

　近年の日本がまさにこの状態で、前ページのグラフのように、長期にわたって低金利が続いているのはそのためなのです。

**金利が下がれば景気がよくなる、はずだが…**

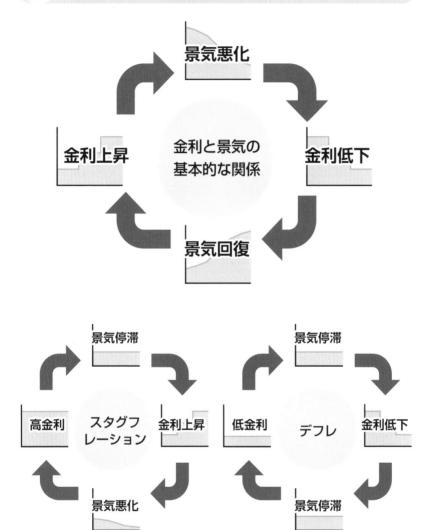

金利と景気の
基本的な関係

景気悪化

金利低下

景気回復

金利上昇

スタグフレーション

景気停滞

金利上昇

景気悪化

高金利

デフレ

景気停滞

金利低下

景気停滞

低金利

スタグフレーションやデフレのもとでは
金利の低下が景気の回復に働かないことがあります

# 09 人や会社は なぜ「投資」をするのか

## 💴 投資では「キャピタルゲイン」が得られる

　金融で「お金がお金を生む」しくみが、金利のほかにもうひとつあります。それは株の値上がり益などです。

　たとえば、100万円で買った株式が110万円に値上がりすると、金利に関係なく10万円分の価値が上がります。その10万円分は、株を買った人の利益になるわけです。

　このような利益を「キャピタルゲイン」といいます。

　キャピタルゲインとはより正確にいえば、株式や債券など値段が変動するものを購入したときと、売却したときの差額＝差益です。

　株式、債券のほか、不動産や貴金属など、いわゆる「投資」の対象になるものからキャピタルゲインが得られ（ることがあり）ます。

## 💴 「インカムゲイン」はローリターンだがローリスク

　これに対して、預貯金の利息などは「インカムゲイン」と呼びます。預貯金や債券の利息のほか、株式の配当金、投資信託の収益分配金、それに不動産の地代家賃収入などがインカムゲインです。

　インカムゲインとキャピタルゲインの違いは、ひと言でいうとリスクとリターンの大きさ。利息などのインカムゲインは、受け取れないリスクがまずありません。

　仮に銀行などが破綻しても、預金保険制度で一定の元本が保護されます（☞次項）。その代わり、金利の水準が高いときでも、せいぜい数％程度、それ以上のリターンは望めないでしょう。

　それに対して株などのキャピタルゲインは、うまくいけば数十％、

## 「キャピタルゲイン」「インカムゲイン」とは

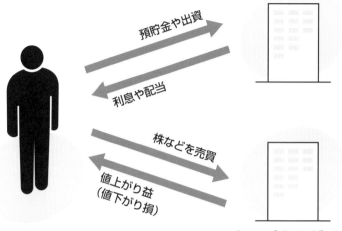

**インカムゲイン**

預貯金や出資

利息や配当

株などを売買

値上がり益
（値下がり損）

**キャピタルゲイン
（キャピタルロス）**

> キャピタルゲインを求めるのが「投資」。
> インカムゲインよりハイリターンだがハイリスク

　ときには数百％のリターンが得られ（ることがあり）ます。

　その反面キャピタルゲインには、大きなリスクがつきものです。買った株が値下がりすれば、キャピタルゲインならぬキャピタルロスが発生します。

　悪くすれば、会社が倒産して株式がタダ同然になることも覚悟しなければならないのです。一方、インカムゲインにはインカムロスというものが存在しません。

　このキャピタルゲインとインカムゲインのリスクとリターンの違いが、「投資」と「貯蓄」の違いといっていいでしょう。

# 10 金融には「直接金融」と「間接金融」がある

## 💴 預貯金は間接金融、株や債券投資は直接金融

インカムゲインを得る金融——預貯金をすることは「**間接金融**」といいます。預けたお金は、最終的に企業などに投資や融資されるわけですが、それは銀行などを通して間接的に行なわれるからです。

これに対してキャピタルゲインを得るために直接、企業の株式や債券を買うなどすることを「**直接金融**」といいます。

株式や債券を買うときにも証券会社などが間に入りますが、これはあくまでも仲介をしているだけです。仮に株式投資に失敗しても、証券会社は補償してくれません。

直接金融では、リスク（とリターン）は投資をする人が直接、負っているのです。

ちなみに、投資信託も間接的に投資をしているように見えますが、リスクと、運用報酬などを引いたリターンは投資信託を買った人のものなので、やはり直接金融です。

## 💴 間接金融ではリスクは銀行などがとる

もちろん、間接金融でも投資や融資をしている以上、リスクはあるわけですが、そのリスクは銀行などが負っています。

もしその銀行が破綻しても、「**預金保険制度**」によって一定の範囲で保護されます。当座預金などは全額、普通預金などでも元本1,000万円までが、預金保険機構から支払われるのです。

近年は金融機関の破綻が少ないので、忘れられているかもしれませんが、これが「**ペイオフ**」と呼ばれる制度です。

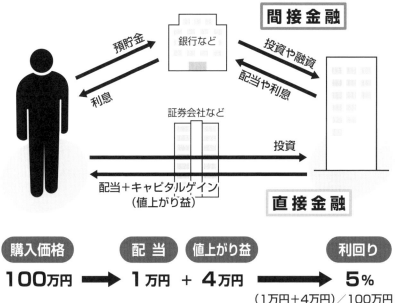

「直接金融」「間接金融」とは

間接金融

銀行など

預貯金 →

← 利息

投資や融資 →

← 配当や利息

証券会社など

投資 →

← 配当＋キャピタルゲイン
（値上がり益）

直接金融

| 購入価格 | | 配 当 | 値上がり益 | | 利回り |
|---|---|---|---|---|---|
| **100万円** | ➡ | **1万円** ＋ | **4万円** | ➡ | **5％** |

（1万円＋4万円）／100万円

間接金融では銀行などがリスクをとり、
直接金融では投資をした人がリスクとリターンをとります

## 直接金融では「利回り」を計算する

　ところで、直接金融の株や債券にもインカムゲインはあります。
株式の配当や債券の利息、投資信託の分配金などです。

　そうすると、金利のような利益の比率が、株や債券ではキャピタ
ルゲインだけで計算できません。そこでこうした投資では、「利回り」
というものを計算します。

　計算は上図のとおりで、金利という用語と同様、金融の話ではよ
く出てくるので覚えておきましょう。

# 11 「物価」が変動するとは どういうことか

## 💴 物の価値ではなくお金の価値が変動している

「物価」と金融について見ておきましょう。

物価と金融——あまり関係なく思えますが、実は金融にとって物価は最も基本的な要素のひとつです。なぜなら、金融が融通するお金の価値を示すのが物価だからです。

私たちは「物価が上がった、下がった」、「物の値段が高くなった、安くなった」といいますが、よく考えてみると物の価値は変わっていません。

ボールペン1本は安くても高くてもボールペン1本の価値だし、食パン1斤は100円でも110円しても食パン1斤です。

変わっているのは、お金の価値のほうなのです。先月100円で買えたものが、今月は110円出さないと買えないということは、お金の価値が約9％下がったことを示しています。

これが、物価が変動するということの意味です。

## 💴 物価の上がり下がりは金利にも影響する

物価は、金利とも深い関係があります。たとえば、金利1％で銀行から1万円を借り、何か1万円のものを買ったとしましょう。1年後には1％の利子が付いて、借金は1万100円になっています。

ところで、同じ1年間で物価が1％上がっていたらどうでしょうか。1万円で買ったものは、いまでは1万100円の価値があることになりませんか。

この場合、金利は実質的に0％になっています。

## 物価の上がり下がりはお金の価値の上がり下がり

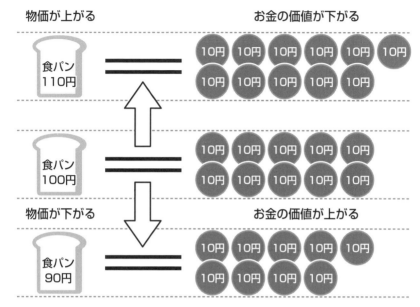

物価が上がる　　　　　　　　　　お金の価値が下がる

食パン
110円

10円 10円 10円 10円 10円 10円
10円 10円 10円 10円 10円

食パン
100円

10円 10円 10円 10円 10円
10円 10円 10円 10円 10円

物価が下がる　　　　　　　　　　お金の価値が上がる

食パン
90円

10円 10円 10円 10円 10円
10円 10円 10円 10円

物価の上昇でお金の価値が減るので、物価の上昇率を
名目の金利から引くと「実質金利」になります

　このように、名目的な金利＝「**名目金利**」から物価の上昇率を引いた金利が「**実質金利**」です。物価が上がるほど、実質金利は低くなります。

　ということは、物価が下がるほど、実質金利は高くなるということです。同じ例で物価が1％下がった場合を考えてみましょう。

　1年前に1万円で買ったものは、いまでは1％安く買えるので、9,900円の価値ということになります。一方、借金は変わらず1万100円に増えていますから、その差は200円。

　実質金利は2％にもなるのです。

# 12 物価と金融の切っても切れない関係

## ¥ 「インフレ」でお金の価値が下がると…

　物価が上がり続ける——お金の価値が下がり続けるのが「インフレーション」＝インフレです。インフレは通常、経済が好況のときに起こりやすくなります。

　インフレではお金の価値が下がるので、借金は実質的な目減りです。というといいことに聞こえますが、預貯金なども要するに貸したお金なので、これも目減りしてしまいます。

　そこで、企業も家計も預貯金を避けるようになり、全体として貯蓄の残高が減る傾向になるのが一般的です。

## ¥ 「デフレ」でお金の価値は上がるが…

　反対に物価が下がり続けて、お金の価値が上がり続けると「デフレーション」＝デフレになります。デフレは、不況のときに起きやすいものです。

　デフレでは、お金の価値が上がる＝借金が実質的に増えるうえ、企業は商品の価格が下がるので、売上や利益が減ります。借金の返済がより重くのしかかるわけです。

　それを避けて、借金をしてまで設備投資などを行なうことを控えると、今度は企業の活動が収縮してしまいます。経済全体で需要はますます落ち込み、結果としてデフレがさらに進行するのです。

　これをデフレの悪循環、「デフレ・スパイラル」といいます。そうならないよう「物価の安定」を最も重要な目的に掲げ、「**物価の番人**」とも呼ばれるのが中央銀行＝日本銀行です（☞120ページ）。

## 「インフレ」「デフレ」で経済に何が起こるか

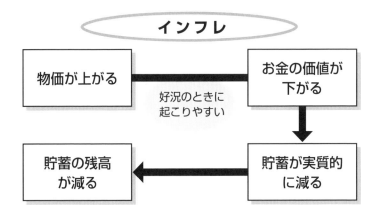

### インフレ

| 物価が上がる | → | お金の価値が下がる |

好況のときに起こりやすい

| 貯蓄の残高が減る | ← | 貯蓄が実質的に減る |

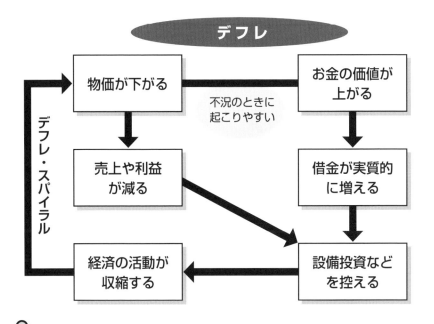

### デフレ

物価が下がる → お金の価値が上がる

不況のときに起こりやすい

デフレ・スパイラル

売上や利益が減る

借金が実質的に増える

経済の活動が収縮する

設備投資などを控える

デフレがデフレを進行させる悪循環におちいると
「デフレ・スパイラル」になります

# 13 「株価」と金利と景気は
どう関係しているのか

## ¥ 金利が低いと株価が上がり景気がよくなる

　株価は、金融にとってどんな意味をもっているでしょうか。

　まず金利との関係でいうと、一般的に金利が下がれば株価が上がり、金利が上がれば株価が下がるという傾向があります。

　なぜかというと、金利が高ければ預貯金でもそれなりの利息が得られるからです。わざわざリスクが高い株式投資にお金を回すことはない、と考える人が増え、株価は低迷するのです。

　反対に金利が低いと、より高いリターンを求める人のお金が株式市場に流れ、その結果、株価は上がります。

　このような株価と金利の関係は、金利と景気の関係からも説明がつくでしょう。金利が低いと景気がよくなるので（☞28ページ）、企業の業績も上がります。当然、株価も上がるわけです。

　金利が高いと景気は冷え込み、企業の業績も下がって株価は低迷します。

## ¥ 株価は「景気の鏡」、景気に先行して動く

　しかし一方で、景気がからむと株価と金利の関係は少し複雑になります。たとえば、景気の拡大が続いている局面では、金利が上がっても株価は下がらず、上昇を続けるのです。

　逆に、景気の後退が続いている時期には、金利が下がっても株価が上がらず、下落を続けます。

　要するに株式市場は、金利の上がり下がりがどれだけ景気に影響を与えるか、自ら判断して動いているわけです。

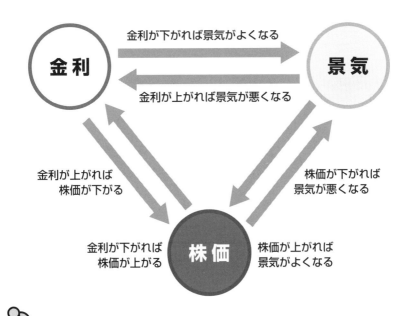

## 株価と金利と景気の関係は

金利が下がれば景気がよくなる

**金利**

金利が上がれば景気が悪くなる

**景気**

金利が上がれば
株価が下がる

株価が下がれば
景気が悪くなる

金利が下がれば
株価が上がる

**株価**

株価が上がれば
景気がよくなる

ただし、景気拡大局面では金利が上がっても
株価が下がらないなど、株価の動きは単純ではありません

　一般に、株価は景気より6か月から9か月、先行して動くといわれます。このことから、株価は「景気の鏡」とも呼ばれるのです。

　さらに、株価が景気の変動を増幅する点も見逃せません。

　株価が上がると、景気先行き期待などから企業の設備投資も活発になります。投資家も株の値上がり益で資産が増えるので、消費を活発にするでしょう。

　設備投資と消費が増えれば、景気はますますよくなります。

　もちろん、株価が下がると企業の設備投資や消費が減り、この逆の現象が起きます。

# 14 「円高」「円安」とは どういう意味か

## ¥ 円高は「円」の価値が「高」くなること

もうひとつ、金融に大きな影響を与えているのが**為替**、すなわち**「外国為替相場」**です。つまり、円高や円安ということですが、これにはどんな意味があるのでしょうか。

外国為替市場（☞108ページ）で円の価値が高くなり、たとえばドルの価値が下がると「**円高（ドル安）**」といいます。反対に円の価値が下がり、ドルの価値が上がると「**円安（ドル高）**」です。

みなさんよくご存知のように、円高では円の金額が減り、円安だと増えます。なぜかというと、為替相場は「1ドルが何円で買えるか」をあらわしているからです。

たとえば、前回は1ドルが110円で買えたのに、今回は円の価値が下がって120円出さないと買えないという場合、10円の円安となります。

逆に100円で買えたら、10円分、円の価値が上がっている＝円高となるわけです。円の金額が減ったら円高、増えたら円安と呼ぶのには、そういう理由があります。

## ¥ 円高では金利が下がり、円安では上がる

この為替相場は、金融にどんな影響を与えるでしょうか。

まず、為替と金利の関係を見てみましょう。為替相場が円高——円の価値が高くなると、海外から買う原材料や食品、原油など輸入品の価格が相対的に下がります。

以前は110円で買っていたものが、100円で買えることになるから

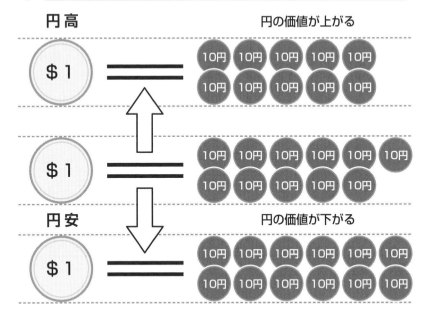

## 円高で円の金額が減り、円安だと増えるワケ

**円高** 　　　　　　　　　円の価値が上がる

$1 ＝ 10円 10円 10円 10円 10円 10円 10円 10円 10円 10円

$1 ＝ 10円 10円 10円 10円 10円 10円 10円 10円 10円 10円 10円

**円安** 　　　　　　　　　円の価値が下がる

$1 ＝ 10円 10円 10円 10円 10円 10円 10円 10円 10円 10円 10円 10円

円高＝円の価値が高くなる（上がる）ので
より少ない円で同じ１ドルが買えるようになります

です。

　つまり、国内の物価が下がります。物価が下がるデフレでは、企業の設備投資なども減ることでしょう（☞36ページ）。お金を借りたい人が減るので、円高は金利の低下につながるのです。

　また円高は、円を買って日本に投資しているわけですから、海外からお金が流れ込むことを意味します。そのため、国内のお金は余り気味となり、これも金利を下げる要因です。

　円安──円の価値が低くなると、逆の現象が起こります。

# 15 「為替相場」が 経済に与える大きな影響

## ¥ 円安で景気がよくなる、とは限らない

次に、為替相場が景気に与える影響はどうでしょうか。

一般的には、円安で景気がよくなり、円高で景気が悪くなるというイメージをもつ人が多いでしょう。これは、日本が長らく貿易黒字で、輸入量より輸出量のほうが多かったためです。

円安だと相手の通貨の価値が上がっているので、日本円で同じ金額を輸出しても、より大きな売上になります。逆に輸入は、より多額の日本円を支払わなければなりません。

つまり、輸出産業が恩恵を受け、輸入産業は打撃を受けるわけですが、貿易黒字だと全体として受ける恩恵のほうが大きくなります。ですから、円安で景気がよくなっていたのです。

しかし近年では、貿易赤字で輸出量より輸入量が多い年もあり、一概に円安で景気がよくなるとはいえなくなっています。

## ¥ 一般的には円高で株価が上がるが…

一方、株価と為替相場の関係も単純ではありません。

一般論としては、円高は日本経済が強い証拠ですから、株価も上がります。また、円高では金利が下がるので（☞前項）、これも株価の上昇につながるでしょう。

しかし、円高の反動で過度のドル安が進んだりすると、世界的な株安につながりかねません。

また、輸出産業は円高で打撃を受けますから、輸出中心の製造業などの株価が下がり、それが全体に波及することもあります。

為替と金利、景気、株価の関係は

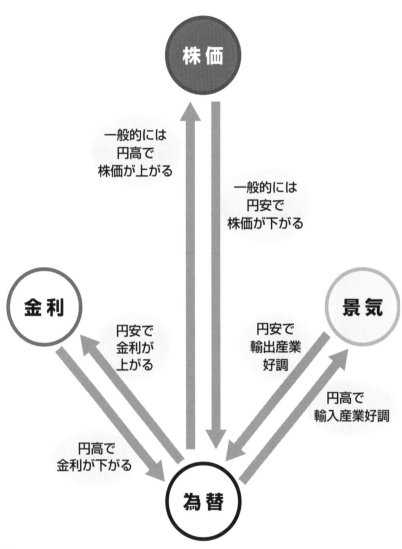

**株 価**

一般的には
円高で
株価が上がる

一般的には
円安で
株価が下がる

**金 利**

**景 気**

円安で
金利が
上がる

円安で
輸出産業
好調

円高で
輸入産業好調

円高で
金利が下がる

**為 替**

ただし、円高で輸出産業が打撃を受けて株価が下がる
など、為替相場の影響は単純ではありません

# 16 株価と金利が「景気循環」を回す

## ¥ 景気は谷、山、谷、山と循環する

　景気は、ある周期でよくなったり悪くなったり、循環するものです。これを「景気循環」といいます。この章のまとめとして、景気循環と株価、金利の関係を見ておきましょう。

　いわゆる「景気が底を打つ」状態を「景気の谷」といいます。この景気の谷から回復して「景気の山」を迎え、景気が後退して再び谷に達するまでがひとつの循環です。

## ¥ 金利と株価の関係が景気を動かす

　景気が底を打つと金利が上昇を始めますが、まだ株価を下げるほどではなく、株価は上昇を続けます。景気も拡大が続き、「景気過熱」などと呼ばれる時期です。このへんで経済は「不況」を脱し、「好況」となりますが、金利はまだ上昇を続けます。

　しかしある時点から、株価の下落が始まるのです。金利の上昇が続くと、株価は下がるためです（☞38ページ）。こうして、いわゆる「景気が天井を打つ」景気の山を迎えます。

　金利は低下を始めますが、まだ株価を上げるほどではなく、株価の下落は続くことでしょう。景気も後退を続け、不況といわれるようになりますが、金利の低下はさらに続きます。

　すると、ある時点から株価が底を打ち、上がり始めます。金利の低下が続くと、株価は上昇するのです。

　先行する株価に続いて景気も底を打ち、こうして次の景気拡大局面が始まります。

## 株価と金利が回す景気の循環

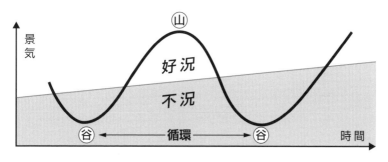

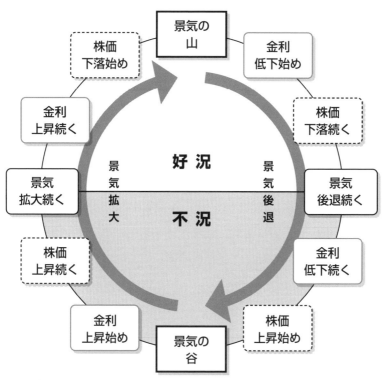

景気の循環では、株価が景気に先行し、
金利は景気と同時か少し遅れて動きます

# 金利と国債の関係で景気は動く？

　金利と株価の関係は16項（☞44ページ）で見たとおりですが、金利と国債の価格にも深い関係があります。「国債の価格が下がると金利が上がる」「国債の価格が上がると金利が下がる」という関係があるからです。

　国債は株価と同じように、市場の需要と供給に応じて価格が変動します。売る側が多いと市場で売られて値下がりし、買う側が多いと買われて値上がりするしくみです。

　一方、満期になると元本は、買ったときの価格に関係なく戻ってきますし、利子は決められた利率で支払われます。つまり、安いときに買うと利益が大きくなり、高いときに買うと利益は小さくなるのです。

　すなわち、国債が安いときに買うと利回りが上昇し、高いときに買うと利回りが低下します。値下がりすると金利が上がる、値上がりすると金利が下がるというわけです。

　この関係は本来、市場の動向で決まり、とくに新規に発行された、満期までの期間10年の国債の流通利回り（新発10年物国債利回り）は、市場が判断する長期金利の代表的な指標として、「経済の体温計」などと呼ばれてきました（☞28ページ）。

　これを逆手にとり、市場で国債を大量に買い入れて直接、長期金利に働きかけようとしたのが、日銀の「イールドカーブ・コントロール」なのです（☞138ページ）。

# 3章

## 「金融商品」にもいろいろある

Finance

# 私たちはみな
# 「金融商品」を買っている

## （¥）金融機関は金融商品を売っている

　私たちはお金を貸し借りするときに普通、借用書をやりとりします。何か形のあるものがないと、返してもらえる保証がないからでしょう。

　金融でお金を融通するときにも、金融機関は形をつくってお金を貸す人に示します。その形が「**金融商品**」です。

　金融商品は商品ですから、金融機関はそれを売っています。私たちがその金融商品を買うと、私たちの「金融資産」になるわけです。

　正確にいえば、現金などの金融資産が減って、金融商品分の金融資産が増えます。もし借金をして金融商品を買うと、「金融負債」が増えて、その分、金融資産が増えることになるでしょう。

## （¥）金融商品の代表は預金だった

　日銀が日本の金融資産、金融負債を調べるために行なっている統計（資金循環統計）では、さまざまな金融商品が網羅されています。

　そのなかから、私たちになじみ深い、主なものをまとめてみたのが右の表です。

　意外かもしれませんが、金融商品のいちばん最初にあげられているのは**預金**になっています。**株式**や**投資信託**はもちろん金融商品ですが、**保険**や**年金**も金融商品のうちです。

　右の表を見て、どれも持っていないという人はまずいないでしょう。つまり、私たちの誰もが金融商品を買って、金融の世界に参加しているのです。

## 私たちになじみ深い主な金融商品

| | |
|---|---|
| 預　金 | 普通預金、当座預金、定期預金、定期積金、外貨預金など |
| 貸出し | 銀行ローン、フラット35などの住宅ローン、消費者ローンなど |
| 債　券 | 国債、地方債、社債、転換社債、金融債、信託など |
| 株　式 | 上場株式、非上場株式、出資金等その他の持分など |
| 投資信託 | 株式投資信託、公社債投資信託、上場投資信託、不動産投資信託など |
| 保　険 | 生命保険、かんぽ生命保険、損害保険、地震保険、共済保険など |
| 年　金 | 厚生年金、企業年金（確定給付型、確定拠出型）、国民年金など |
| 金融派生商品 | デリバティブ（先物取引、スワップ取引、オプション取引）、ストックオプションなど |
| 預け金 | ゴルフ場の預託金、証拠金取引を行なう際の証拠金など |
| 対外投資 | 外国債券、外国株式、外貨建て投資信託、外貨建てMMFなど |

（項目は日本銀行「資金循環統計」より抜粋して作成）

私たちの誰もが何かしらの金融商品を買って
金融の世界に参加しています

# 18 「株を買う」とは どういうことか

## ¥ 「株式」は出資した「株主」の権利のこと

　金融商品にはさまざまなものがありますが、投資の対象として最も代表的なのは株──株式でしょう。

　企業（株式会社）が出資金を集めるために発行し、買ってくれた人（株主）には2つの権利を認めます。ひとつは、出資額に応じ会社の経営について発言できる権利。もうひとつは会社の利益の分配（配当）を受け取る権利です。この権利が株式なのです。

　「株を買う」とはもともと、この権利を行使したい人が出資して、その会社の株式を手に入れることだったわけです。

## ¥ 市場で取引できるのは「上場株」だけ

　しかし今日では、株式投資のほとんどが経営への口出しよりも株の値上がり益──キャピタルゲイン（☞30ページ）を目的にしています。というのも、株式という金融商品は預金や保険と違い、市場で取引ができるからです。

　といっても、すべての株式が取引できるわけではありません。市場で取引できるのは、通常は証券取引所に認められた株式会社の株式だけで、これを「上場株」とか「公開株」といいます。

## ¥ 「時価総額」は会社の価値や将来性をあらわす

　上場株式になると、投資家は証券会社を通じて、市場で自由に株式を売買することができます。すると、買いたい人が多い株は値段が上がることでしょう。

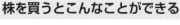

## 株を買うとこんなことができる

出資 →

株主 ← 権利 株式会社

 経営について発言できる権利 ・ 利益の分配を受け取る権利

**この権利がもともとの「株式」**

↓

上場した株式は市場で取引できる

↓

**株の値上がり益が期待できる！**

**株を買うと株主として発言したり、配当が受け取れるが、
上場株なら値上がり益が得られる（ことがあります）**

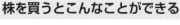

　市場では、需要と供給の関係で価格が決まるからです。こうして、たくさんの人が買いたい株式を持っている人は、値上がり益を手に入れることができます。

　ですから、個々の会社の株価があらわすのは、基本的にはその会社の現在の価値や将来性への期待です。

　株価に発行済株式数を掛けたものを「**株式時価総額**」とか単に「**時価総額**」と呼び、会社の価値をあらわす指標のひとつになっています。また、取引所全体の時価総額は、株式相場の過熱度などをはかる指標のひとつです（☞99ページ）。

# 19 「債券」は株とどう違うのか

## 💴 債券とはどういうものか

株とよく並べられる金融商品に「**債券**」があります。国債や社債などのことです。

国や会社などが、広く一般からお金を借りたいときに発行する証券で、国が発行するのが「**国債**」、地方公共団体なら「**地方債**」、民間の会社は「**社債**」と呼びます。

国債と地方債を合わせたのが「**公債**」、社債も加えた呼び方が「**公社債**」です。

ただし、債券のほとんどは金融機関や機関投資家（☞116ページ）向けの高額金融商品で、個人で買えるのは個人向け国債や、電力会社や銀行などが発行する社債の一部になっています。

## 💴 債券は支払いを約束した証券

債券が株式と違うのは、元本と利息の支払いを約束した証券だという点です。発行した国や会社は、決められた日（満期日）に、決められた利息と元本を支払わなければなりません。

もし支払えないと「**デフォルト**」（**債務不履行**）とされ、破綻したものとみなされます。

この点から、債券への投資は株式投資より安全とされ、株式市場が不安定なときには「資金の避難先」といわれたりするのです。

## 💴 利息の受取り方による債券の違い

債券は、利息の受取り方によって2種類あります。一般的なのは、

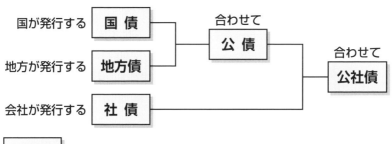

## 金融商品としての債券のいろいろ

国が発行する **国 債**

地方が発行する **地方債**

合わせて **公 債**

会社が発行する **社 債**

合わせて **公社債**

**利付債** は利息が定期的に支払われる

**割引債** は利息分が額面から差し引かれて発行される

破産などの際に優先的に支払われる **優先債**

優先債の後に支払われるが、利回りが高い **劣後債**

> 通常は満期日に元本と利息が支払われるため
> 債券投資は株式投資より安全といわれます

最初から利率が決まっていて、定期的に支払われる「**利付債**」です。

　一方、「**割引債**」では利息が支払われない代わり、買うときに額面から一定額が差し引かれています。満期になると額面金額が支払われて、買った金額との差が利益となるしくみです。

　もちろん、利付債も割引債も、満期まで待たずに、債券市場で売って換金することができます。

　また、会社が破産などしたときに優先的に支払われる「**優先債**」と、万一のときの支払いは優先債より後になるが、利回りが高くなる「**劣後債**」も債券の種類です。

# 20 債券の「信用リスク」「価格変動リスク」とは

## 発行会社が破綻する信用リスク

債券は比較的安全とはいえ、価格が変動する金融商品ですから、もちろんリスクがあります。

途中で売却せず、満期まで持っていれば預金と同じ、と思うかもしれませんが、そもそも発行した企業などが破綻してしまえば、その債券は支払い不能になるでしょう。

この第一のリスクを「**信用リスク**」とか「**デフォルト（債務不履行）リスク**」といいます。

信用リスクを減らす方法のひとつは、債券の「**格付**」を見ることです。約束どおりに支払われそうか、信用リスクの高さを**格付会社**が判断し、「ＡＡ＋」や「Ａａ１」などの記号であらわされます。

債券を発行する会社などは、格付会社に手数料と各種の情報を提供し、格付を付けてもらうしくみです。

つまり、格付会社は民間企業なので、仮に格付が間違っていても補償はありません。最終的には自己責任なのですが、債券の信用リスクの判断材料としては重要なものになっています。

## 買ったときより価格が下がる「価格変動リスク」

第二のリスクは「**価格変動リスク**」です。市場で売却する場合、市場価格は需要と供給の関係で変わりますから、買ったときの価格より下がることがあります。

とくに債券の場合、金利の影響が大です。たとえば、利率１％の債券を買ったとして、売るときに金利の水準が上がってしまい、同

## 債券投資につきもののリスク

**信用リスク**

発行した企業などが破綻する

**価格変動リスク**

需要と供給の関係で市場価格が下がる

価格

**金利リスク**

金利が上がって債券の価格が下がる

金利

価格

**為替リスク**

円高になって外債の円での受取額が減る

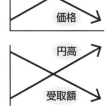

円高

受取額

債券投資は安全といわれるが、
価格が変動する商品である以上リスクはあります

じ債券が利率2％で発行されていたらどうでしょうか。

利率1％の債券を買う人はいないので、利率差の1％分、価格を下げないと売れません。

実際には、満期までの利息を計算に入れる必要がありますが、とにかく債券には、金利が上がると価格が下がるリスクがあるのです。価格変動リスクのなかでも、これを「**金利リスク**」といいます。

このほか**外国債券**は、為替相場によって円の受取額が変わるものです。**円高**だと円での受取額が減り、債券投資の損益とは別に「**為替差損**」が発生します。これが「**為替リスク**」です。

# 21

# 「個人向け国債」は
# 普通の国債とどこが違うのか

## ¥ 個人向け国債とはどういう債券か

個人が買える債券で、代表的なのが**個人向け国債**です。

利付債には、金利が発行時に決まっている「**固定利付債**」と、そのときの金利情勢によって変わる「**変動利付債**」がありますが、個人向け国債には満期によってその両方があります。

満期は、3年、5年、10年の3種類。金利はそれぞれ、基準金利をもとにした設定方法です。基準金利としては、一定の時点の10年固定利付国債（☞132ページ）の平均落札利回りが使われます。

ただし、0.05％を下回らないという金利の下限付きです。

## ¥ 他の債券にない個人向け国債の特徴

個人向け国債には、個人が気軽に買えるよう、他の債券や国債にない特徴がいくつもあります。

まず、普通の国債が5万円単位なのに対して、最低1万円から1万円単位で購入可能です。また、個人しか購入できず、金融機関はもちろん会社などの法人も購入できません。

そのため、個人向け国債には売買する市場もないのです。買おうと思ったら、原則として新規発行のものを購入します。

では、売ろうと思ったら？ 実は、売買する市場がない代わりに、国が買い取ってくれる中途換金の制度があります。発行後1年経過した後、取扱金融機関で手続きが可能です。

一定の金額は差し引かれますが、価格変動リスクや金利リスクは負わないですむでしょう。

## 個人向け国債とはこういう債券

| 商品名 | 変動金利型 10年満期 | 固定金利型 5年満期 | 固定金利型 3年満期 |
|---|---|---|---|
| 満　期 | 10年 | 5年 | 3年 |
| 金利タイプ | 変動金利 | 固定金利 | |
| 金利設定方法 | 基準金利 ×0.66 | 基準金利 −0.05% | 基準金利 −0.03% |
| 金利の下限 | 0.05% | | |
| 利子の受取り | 半年ごと年2回 | | |
| 購入単位 | 最低1万円から1万円単位 | | |
| 販売価格 | 額面100円につき100円 | | |
| 償還金額 | 額面100円につき100円 | | |
| 中途換金 | 発行後1年経過後 | | |
| 発行月 | 毎月（年12回） | | |

金利の下限が決まっているので、金利水準が低くても
最低限の利息が付きます

### 「新窓販国債」も個人が買える国債だが…

　実は、個人向け国債のほかに、個人が買える国債として新型窓口
販売方式により販売される国債、略して「新窓販国債」という債券
があり、現在も財務省のホームページなどで紹介されています。

　日銀のマイナス金利（☞132ページ）の影響を受けて一時、募集
が停止されていましたが、2023年現在、再開されています。10年満
期、5年満期、2年満期の3種類があり、個人だけでなく法人や、
たとえばマンション管理組合などの団体でも購入が可能です。

# 22

# 「投資信託」が
# １万円以内で買えるワケ

## ¥ 一般の投資家が「分散投資」はむずかしい

株式や債券の投資では「**分散投資**」がよいとされます。右の図のように、ひとつの金融商品に集中させず、さまざまな商品に分散させる投資です。

リスクも分散されるので、ひとつがうまくいかなかったときでも他から利益が得られ、安定したリターンが期待できます。

しかし、分散投資をするためには、ある程度まとまった資金と、豊富な知識が必要です。一般の個人投資家には、なかなか超えられないハードルでしょう。

そこで、一般投資家の資金を集め、投資のプロが代わりに運用しましょうという金融商品が「**投資信託**」です。

## ¥ 投資家の資金を集めて「ファンド」をつくる

投資信託は、１万円以内でも買えます。なかには、月々500円の積立投資信託などの商品もあるくらいです。

「**投信会社**」（☞次項）は、それらを大量に集めて大きな資金とします。このように、資金を集めて運用するしくみが「**ファンド**」です。その規模は、数十億円から数千億円にもなります。

これくらいの規模になれば、効果的な分散投資が可能です。資金の規模が大きいほど、より多様な金融商品に投資してリスクを分散し、安定したリターンを得られるでしょう。

また、一度に売買する金額が大きいほど、売買手数料は相対的に小さくなりますから、運用コストもより低く抑えられるのです。

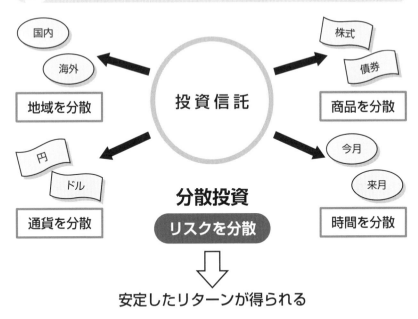

投資信託なら個人でも「分散投資」ができる

| | |
|---|---|
| 国内 海外 | 株式 債券 |
| 地域を分散 | 商品を分散 |

投 資 信 託

| | |
|---|---|
| 円 ドル | 今月 来月 |
| 通貨を分散 | 時間を分散 |

**分散投資**

リスクを分散

安定したリターンが得られる

値動きが違うさまざまな金融商品に分散させれば
リスクを分散しながら安定したリターンが期待できます

## 投資信託を買うのは分散投資をすること

　つまり、投資信託を買った人は、ひとつの投資信託を買っただけ
で、いろいろな株式や債券に分散投資することができます。

　分散投資の内容は、投資信託を買うときに渡される「**目論見書**」
という文書で知ることが可能です。目論見書には、その投資信託の
投資対象や運用方法が詳しく書かれています。

　このようなしくみなので、投資信託は直接、株などに投資するよ
りリスクが低く、ある程度のリターンも期待できるとされるのです。

# 23

## 金融機関が破綻しても投資信託が安全なしくみ

### 💴 投資信託にもリスクはある

投資信託も投資ですから、預貯金に比べればリスクは高くなります。解約や販売会社の買取りで換金できますが（☞次項）、元本の保証はなく、運用に失敗すると元本割れもしばしばです。

預貯金の利息に当たる投資信託の「**分配金**」も、支払いは保証されていません。投資信託にも、価格変動リスクがあるということです。

### 💴 投信会社が指図して信託銀行が管理している

しかし、信用リスクに対しては、投資信託はかなり安全なしくみといえます。

投資信託は、証券会社や銀行、郵便局などで買えますが、そもそもの投資信託をつくっているのは「**投資信託運用会社**」（**投信会社**）です。私たちが証券会社などの「**販売会社**」でそれを買うと、その資金は資産管理を専門とする「**信託銀行**」（☞76ページ）に預けられます。

一方、投信会社には、投資信託の責任者である「**ファンド・マネージャー**」がいて、信託銀行に資金の「**運用指図**」をします。

信託銀行はその指図に従って実際の運用を行ないますが、そのとき、信託銀行自体の資産と、預かった資金（信託財産）は分けて管理されるしくみです。

このようなしくみのため、投資信託は金融機関などの破綻に対しても安全なのです。

## 投資信託が運用されるしくみ

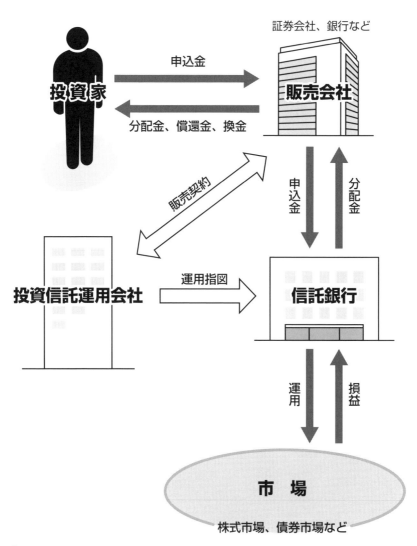

どの金融機関が破綻しても
投資信託の資金は信託銀行で守られるしくみです

# 24 「公社債投信」と「株式投信」の違いとは

## ¥ 投資対象に株式を組み入れるか、組み入れないか

投資信託にもいろいろな種類がありますが、最も基本的なのは投資の対象による違いです。投資対象に株式を組み入れない「**公社債投信**」と、株式の組入れが可能な「**株式投信**」があります。

公社債投資信託は、株式を一切組み入れず、債券＝公社債（☞52ページ）だけで運用する投資信託です。そのため、比較的収益が安定しており、安全性も高いとされます。

一方、株式や外国債券を組み入れることができるのが株式投資信託です。株式だけで運用するものは、きわめてハイリスク、ハイリターンになりますが、公社債なども組み入れたり、株式を組み入れずに中程度のリスク、リターンにしたものもあります。

## ¥ 期間限定のユニット型、いつでも購入できるオープン型

公社債投信でも株式投信でも、購入や換金ができる期間によって2つのタイプに分類されます。

「**単位型**」（**ユニット型**）は、運用期間が決まっているため、運用が始まる前しか購入できない投資信託です。償還まで、換金できない期間（**クローズド期間**）があるものも多くあります。

一方、「**追加型**」（**オープン型**）は、いつでも購入・換金ができる投資信託です。

## ¥ 「インデックス型」「アクティブ型」とは

株式投資信託には、「**インデックス型**」と「**アクティブ型**」の違

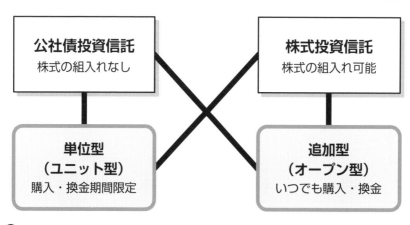

投資信託にもいろいろある

| 公社債投資信託 | 株式投資信託 |
|---|---|
| 株式の組入れなし | 株式の組入れ可能 |

| 単位型 | 追加型 |
|---|---|
| （ユニット型） | （オープン型） |
| 購入・換金期間限定 | いつでも購入・換金 |

このほか運用成果の目標により「インデックス型」
「アクティブ型」などの分類もあります

いもあります。投資信託の運用成果で目標とする指標を「ベンチマーク」といいますが、ベンチマークに連動することを目標とするのがインデックス型の投資信託です。

　ベンチマークとしては、日本の株式投資信託ではTOPIX（東証株価指数）や日経平均株価が多く利用されます（☞99ページ）。

　これらのベンチマークを上回る運用成果を目標とするのが「アクティブ型」です。インデックス型より、高い収益性を追求すると考えればよいでしょう。

　というと、アクティブ型のほうが絶対的によいように思えますが、アクティブ型は一般に手数料が高めです。

　また、長期的に見ると、インデックス型のほうが運用成果で勝るという統計もあり、一概にどちらがよいと決めつけることはできません。

# 25 「ＥＴＦ」「J-REIT」とは いったい何か

## 💴 証券取引所で取引できる「上場投資信託」

現在では、株や債券に投資しない投資信託もあります。

ひとつはＥＴＦ、日本語で「**上場投資信託**」と呼ばれるものです。

通常の投資信託は、換金するときには解約するか、販売会社に買取りを依頼します。換金してみないと、戻ってくる正確な金額もわかりません。

しかしＥＴＦは、株式と同じように証券取引所に上場して取引されるのです。売買が簡単になり、そのときどきの相場もわかります。

上場されているのは、TOPIX（東証株価指数）や日経平均株価などに連動するようにつくられた「**株価指数連動型上場投資信託**」が多いですが、金の価格に連動するＥＴＦなどもあります。

また、ＥＴＦと同様に証券取引所に上場して売買される商品が「ＥＴＮ」です。日本語では「**上場投資証券**」とか、「**指標連動証券**」と呼ばれています。

ＥＴＦと同様、価格が株価指数や商品価格などと連動しますが、ＥＴＦでは、株価指数に含まれた株式を組み入れて連動させるなどするのに対して、ＥＴＮは株式などの資産をもっていません。

代わりに、ＥＴＮを発行する金融機関が、株価指数などと連動することを保証しています。

## 💴 小口の資金でも投資できる「不動産投資信託」

もうひとつは、アメリカでREIT（リート）と呼ばれているものの日本版で、ＲＥはリアル・エステートすなわち不動産のことです。

ETF、ETN、REITとは

上場　証券取引所　上場

ETF　Exchange Traded Funds
**上場投資信託**

REIT

Real Estate Investment Trust
**不動産投資信託**

ETN　Exchange Traded Note
**上場投資証券**

いずれも証券取引所に上場しているので
取引時間中ならいつでも売買ができます

　日本版には「**J-REIT**」の愛称があり、日本語では「**不動産投資
信託**」といいます。簡単にいうと、投資家の資金を集めて不動産を
購入し、投資家には賃借料や売却益が還元される投資信託です。

　投資する不動産としては、オフィスビルやマンション、ショッピ
ングモールや物流センターなどがあります。

　こうした不動産投資には通常、かなりまとまった資金が必要です
が、不動産投資信託なら小口の資金でも可能です。

　しかもＥＴＦと同じく、証券取引所に上場されて、取引時間中な
らいつでも売買をすることができます。

# 26 外国為替相場で取引をする「ＦＸ」

## ＦＸは「外国為替証拠金取引」

「ＦＸ」はForeign Exchangeの略、そのままの意味は外国為替、外国為替取引のことです。

しかし今日では、個人が証拠金取引を利用して行なう外国為替の取引——「**外国為替証拠金取引**」のことをいうのが普通になっています。

外国為替取引とは、日本や海外の通貨を売買する取引です。たとえば、円安ドル高が進むと予想する場合、外国為替市場で円を売ってドルを買います。

予想どおり円安ドル高が進んだら、逆にドルを売って円を買うのです。するとドルの価値が高くなった分、円が増えて戻ってきます。つまり「**為替差益**」が得られるわけです。

逆に、円高を予想する場合は、先にドルを売って円を買い、後で円を売ってドルを買います。

具体的には右の図のような流れで、ＦＸ会社を通じ通貨の売買を行なうのが一般的です。

## 4％の証拠金で25倍の金額を取引できる

では、証拠金取引とは何のことでしょう。

外国為替相場は、数十％、数百％の変動をする市場ではありません。短期間で見れば、せいぜい数％の範囲です。

ということは、仮に投資家が損失を出したとしても、ＦＸ会社は投資家から数％の証拠金を預かっていれば、損失の決済ができるこ

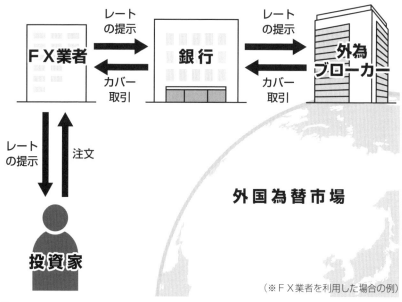

## ＦＸ（外国為替証拠金取引）の流れ

レートの提示 → ＦＸ業者

ＦＸ業者 → レートの提示 → 銀行

銀行 ← カバー取引

銀行 → レートの提示 → 外為ブローカー

外為ブローカー ← カバー取引

ＦＸ業者 → レートの提示 → 投資家

投資家 → 注文 → ＦＸ業者

外国為替市場

（※ＦＸ業者を利用した場合の例）

> 証拠金取引なので、ＦＸの場合は
> 証拠金の最大25倍の金額が取引できます

とになります。

　投資家の側から見れば、取引金額の数％の証拠金で何十倍もの取引ができることになるでしょう。

　このように、少ない資金で大きな金額を取引するのが**レバレッジ**（☞162ページ）です。

　かつては、レバレッジ400倍といったＦＸ会社もありましたが、現在ではＦＸ取引のレバレッジは最大25倍に規制されています。それでも、取引金額の４％の証拠金で取引ができると考えれば、レバレッジのすごさがわかるでしょう。

# 27 FXにはどんなメリットと リスクがあるか

## ¥ FXにはインカムゲインもある

　FXには、証拠金取引以外にもいくつかのメリットがあります。

　たとえば、本来の外国為替取引では数日後に決済が必要ですが、FXでは決済日を自動的に繰り延べることが可能です。

　これを「ロールオーバー」といい、後で説明するロスカットがなければ、無期限で取引を続けることができます。

　さらに、金利の低い通貨を売り、高い通貨を買って持っていると「スワップ・ポイント」が得られるのも特徴です。

　FXでは証拠金取引を行なうので、売った通貨は証拠金を担保にFX会社から借りた状態になります。一方、買った通貨はFX会社に貸した状態です。

　そこで、借りたお金の金利が、貸したお金の金利より低いと、差額の利息がもらえる理屈になります。この利息がスワップ・ポイントなのです。

　為替差益はキャピタルゲイン、スワップ・ポイントはインカムゲインといえるでしょう。

## ¥ 証拠金取引を行なうFXのさまざまなリスクとは

　もっとも、金利の高い通貨を売り、低い通貨を買わなければならない場合には、マイナスのスワップ・ポイントが発生します。為替差益にしても、相場が逆に動けば為替差損になるでしょう。

　証拠金取引の限度近くまで取引していた場合、為替相場が少し変動しただけで証拠金が不足するかもしれません。証拠金取引はレバ

## ＦＸの「スワップ・ポイント」とは

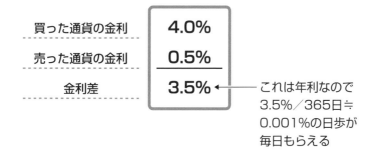

買った通貨の金利　　**4.0%**

売った通貨の金利　　**0.5%**

金利差　　　　　　　**3.5%** ← これは年利なので
3.5%／365日≒
0.001%の日歩が
毎日もらえる

【計算例】 100万円相当を売って金利の高い通貨で持っている
100万円×3.5%÷365日≒95.9円

スワップ・ポイントは証拠金の額でなく
取引する額から計算するのでレバレッジがかかります

レッジをきかせるため、利益がふくらむのと同じだけ、損失もふくらみます。

　もし損失がふくらんで、証拠金が一定の割合を下回ると、あらわれるのがＦＸ独特のリスクです。「**ロスカット**」といって、未決済の取引すべてが決済されてしまいます。投資家にとって不利なレートで決済が行なわれたとしても、それは投資家の責任です。

　そして、ＦＸのもうひとつのリスクが**ＦＸ会社の信用リスク**です。

　現在ではＦＸ会社も、信託銀行（☞60ページ）と同様に会社の資産と顧客の資産を別に管理することが義務づけられ、ＦＸ会社が破綻しても運用中の資産は基本的に安全ですが、一部の外資系などで資産の管理が分けられていない場合があります。注意が必要です。

# 人類最大の発明？「複利」とは

　3章ではさまざまな金融商品を見てきましたが、金融商品のインカムゲイン、すなわち金利の計算方法には「単利」と「複利」があります。

　単利は、単純に、元本に対して利息がつく計算方法です。たとえば、100万円を年利1％で1年間預けると、1万円の利息がつきます。この1万円を受け取って使ってしまうと、翌年はまた100万円に対して1万円の利息です。

　これに対して複利は、利息を受け取って使わず、元本に足します。そうすると、利息にも利息がつく（複利）ので、翌年は101万円に対して1万100円の利息がつくわけです。

　この程度ではたいした差がありませんが、金利が高く、期間が長くなると、大きな差となってあらわれます。

　たとえば、年利15％のカードローンで100万円を借金した場合を見てみましょう。利息も払わず、複利の状態で5年間借りたとすると、5年後には元利合計が201万1,357円と、2倍以上になります。

　これは借金の例ですが、逆に投資に利用すれば、より大きな運用益を得ることも可能です。複利では、より金利が高い金融商品を、より長期に運用することがポイントになります。

　このような複利の威力を見て、「複利は人類最大の発明である」といったのが、あの世界的物理学者アインシュタインです。

# 4章

「金融機関」が
金融商品を販売する

Finance

# 28 銀行だけが「金融機関」ではない

## ¥ 「預金取扱機関」とそれ以外がある

前章で見たような金融商品を販売し、金融と私たち個人や企業を仲介する働きをしているのが「**金融機関**」です。銀行が代表的ですが、ほかにもいろいろな金融機関があります。

金融商品のときと同様、日銀の資金循環統計（☞48ページ）の分類から、主な金融機関を抜き出してみたのが右の図です。

図を見るとわかるように、私たちが知っている金融機関のほとんどは「**金融仲介機関**」です。金融仲介機関のなかにも「**預金取扱機関**」とそれ以外があります。

預金取扱機関は、銀行、信用金庫など、いかにも金融機関というイメージの金融機関です。また、農協、漁協などの金融部門も預金の取扱いを行なうので、預金取扱機関ということになります。

中央銀行、日本でいえば日本銀行も預金を扱いますが、これは別格です。

## ¥ 保険会社、年金基金なども金融機関のうち

投資信託を扱う投信会社、株式や債券を扱う証券会社は当然、金融機関になります。

一方、生命保険、損害保険、年金基金などは金融機関らしくないイメージですが、立派に金融機関のうちです。保険や年金も、金融商品だからです。

金融仲介機関でない金融機関としては、金融持株会社があげられます（☞次項）。

# 私たちと金融を仲介する金融機関

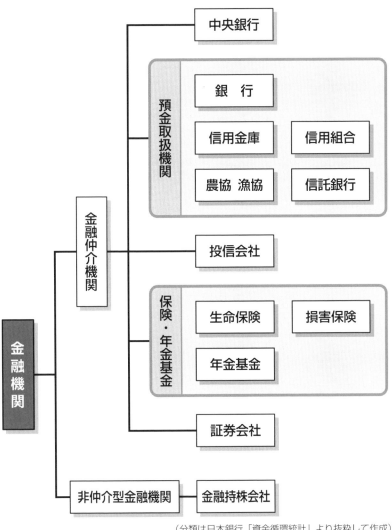

（分類は日本銀行「資金循環統計」より抜粋して作成）

金融機関のほとんどは金融仲介機関。
預金取扱機関とそれ以外があります

# 29

# 「規制緩和」で金融機関の違いは小さくなった

## ¥ 保険は保険会社でしか買えなかった!?

　金融機関は一応、前ページ図のように分類されるのですが、現在では金融機関の細かい区分が次第に意味を失っています。

　理由は、金融機関や金融商品の規制緩和が進み、金融機関の間の相互参入が当たり前になっているからです。

　たとえば現在、保険は銀行や郵便局の窓口でも買えますが、以前は保険会社からしか買えないものでした。投資信託も同じく、証券会社で買うものだったのです。

　いずれも、金融システム改革、別名を**金融ビッグバン**（☞136ページ）による規制緩和の結果です。

　その過程では、銀行が証券会社を傘下に収めたり、そのグループに信託銀行が加わったりといった、銀行、証券、信託一体の金融再編が行なわれました。

## ¥ 金融機関の再編を進めた「金融持株会社」

　こうした金融グループの再編を可能にしたのが「**金融持株会社**」です。持株会社とは、子会社の支配、管理を業務とする会社で、以前は禁止されていたのが1998年に解禁されました。

　これにより、金融持株会社が銀行、証券会社、信託銀行などを子会社化できるようになり、「**三大メガバンク**」などの金融グループが誕生したのです。

　三大メガバンクの「○○フィナンシャルグループ」という名称は、グループの名前であるとともに、金融持株会社の名前でもあります。

## 三大メガバンクの銀行、証券会社、信託銀行

| みずほ<br>フィナンシャル<br>グループ | みずほ銀行 |
| :---: | :--- |
| | みずほ信託銀行 |
| | みずほ証券 |

| 三菱ＵＦＪ<br>フィナンシャル・<br>グループ | 三菱ＵＦＪ銀行 |
| :---: | :--- |
| | 三菱ＵＦＪ信託銀行 |
| | 三菱ＵＦＪ証券ホールディングス |
| | 三菱ＵＦＪモルガン・スタンレー証券 |

| 三井住友<br>フィナンシャル<br>グループ | 三井住友銀行 |
| :---: | :--- |
| | SMBC信託銀行 |
| | SMBC日興証券 |

（2023年5月現在）

> 現在では金融持株会社のもとで銀行、証券、信託が
> グループを構成しています

##  銀行と証券の間には「ファイアーウォール」がある

　ただし、銀行と証券会社がタッグを組むと、互いの顧客情報を流用したり、銀行が貸出しをして証券会社で株を買わせるなど、不正な行為が行なわれるおそれがあります。

　そこで、こうした行為は厳しく規制されています。

　いわば、銀行と証券会社の間に防火壁（ファイアーウォール）をつくるようなもので、これは「**銀証ファイアーウォール規制**」と呼ばれています。

# 30

# 「銀行」と「信用金庫」は
# どこが違うのか

## ¥ 銀行と信用金庫は業務の対象が分けられていた

　銀行などの預金取扱機関のなかにも、信用金庫、信用組合など、銀行という名前が付いていない金融機関があります。

　預金や貸出しなど、ほとんど同じ業務をしているのに、なぜこのような種類があるのでしょうか。

　実は以前は、預金や貸出しの対象がはっきり区別されていたのです。右の図のように、銀行（普通銀行）は短期の預金や貸出しを、信託銀行（長期金融機関）は長期のものを対象にしていました。

　信用金庫や信用組合は中小企業を対象にし、農林漁業者には農協（農業協同組合）や漁協（漁業協同組合）、といった具合です。

　しかし現在は、銀行も中小企業に対する業務を積極的に行ないますし、金融グループは普通銀行と信託銀行の両方をグループ内にもっています。

　業務の面から見た場合、預金取扱機関の違いは、規制が厳しく、対象がはっきりしていた時代のなごりといえるでしょう。

## ¥ 信用金庫、信用組合は「協同組織」

　ただし、組織の面からいうと、銀行が株式会社であるのに対し、信用金庫、信用組合、労働金庫は会員の出資による「**協同組織**」である点が異なります（商工中金は政府系金融機関）。

　また、信用金庫と信用組合の違いは、信用金庫がある程度広い地域を対象とするのに対して、信用組合はより狭い地域や、業種、職種の組合員を対象にしています。

## 預金取扱機関の違い

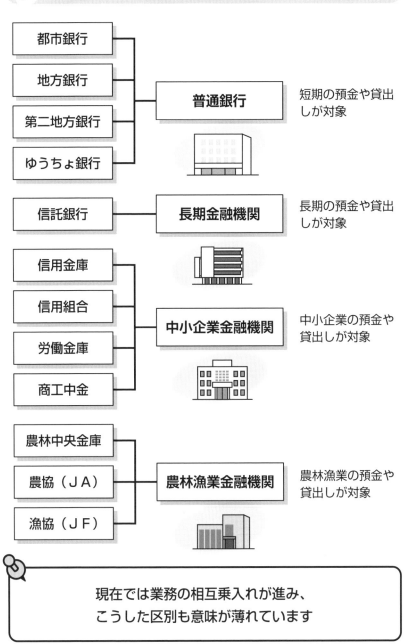

都市銀行
地方銀行
第二地方銀行
ゆうちょ銀行
→ **普通銀行** — 短期の預金や貸出しが対象

信託銀行 → **長期金融機関** — 長期の預金や貸出しが対象

信用金庫
信用組合
労働金庫
商工中金
→ **中小企業金融機関** — 中小企業の預金や貸出しが対象

農林中央金庫
農協（JA）
漁協（JF）
→ **農林漁業金融機関** — 農林漁業の預金や貸出しが対象

現在では業務の相互乗入れが進み、
こうした区別も意味が薄れています

# 31 「都市銀行」と「地方銀行」の 違いとは

## ¥ 都市銀行はかつて10行以上あった

　普通銀行のなかにも、都市銀行、地方銀行、第二地方銀行、ゆうちょ銀行の違いがあります。

　都市銀行は、高度成長期に全国に展開した旧都市銀行の流れをくむ銀行です。

　1989年の時点で13行ありましたが、バブルの崩壊（☞148ページ）や金融ビッグバンを経て右のような統合が行なわれ、現在は4行になっています。

　一方、地方銀行というのは「全国地方銀行協会」に加盟する銀行、第二地方銀行は「第二地方銀行協会」に加盟する銀行のことです。

　しかしこうした分類も、現在では意味が薄いものになっています。

## ¥ 「新たな形態の銀行」が登場している

　それより注目しておきたいのは、金融庁の分類による「新たな形態の銀行」でしょう。

　インターネット専業銀行、いわゆる「ネット銀行」と、「商業施設との連携を主体にする銀行」などがあげられています。

　ネット銀行は店舗をもたず、サービスはインターネットで提供され、入出金は提携銀行のATMなどで行なう銀行です。

　日本初のネット銀行は「ジャパンネット銀行」で、これは現在の三井住友銀行などの出資で設立されました。

　その後、電器業界から「ソニー銀行」、後に楽天に買収される「イーバンク」（現楽天銀行）、「住信SBIネット銀行」、KDDIも出

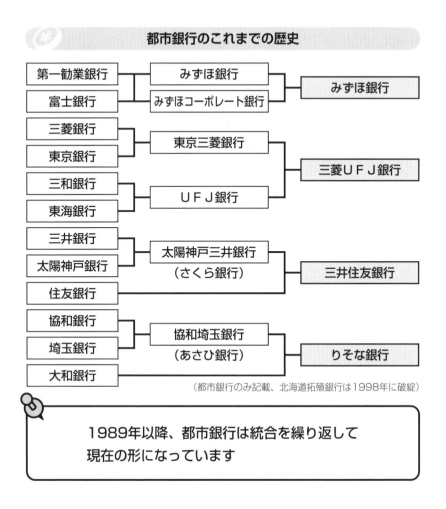

都市銀行のこれまでの歴史

| | | |
|---|---|---|
| 第一勧業銀行 | みずほ銀行 | みずほ銀行 |
| 富士銀行 | みずほコーポレート銀行 | |
| 三菱銀行 | 東京三菱銀行 | 三菱ＵＦＪ銀行 |
| 東京銀行 | | |
| 三和銀行 | ＵＦＪ銀行 | |
| 東海銀行 | | |
| 三井銀行 | 太陽神戸三井銀行 | 三井住友銀行 |
| 太陽神戸銀行 | （さくら銀行） | |
| 住友銀行 | | |
| 協和銀行 | 協和埼玉銀行 | りそな銀行 |
| 埼玉銀行 | （あさひ銀行） | |
| 大和銀行 | | |

（都市銀行のみ記載、北海道拓殖銀行は1998年に破綻）

1989年以降、都市銀行は統合を繰り返して
現在の形になっています

資する「じぶん銀行」、大和証券グループの「大和ネクスト銀行」
などが続きます。

　また、商業施設との連携を主体にする銀行は、セブン＆アイ・ホ
ールディングスの「アイワイバンク」（現セブン銀行）と、イオン
グループの「イオン銀行」です。どちらも、グループのスーパーや
コンビニにＡＴＭを置いて、全国的なＡＴＭ網を築いています。

　イオン銀行は、大型ショッピングセンターにリアル店舗を開くな
ど、まさに新たな形態の銀行となっているのです。

# 32

## 金融機関の預金には「信用創造」の働きがある

### 💴 貸出しの効果は借りた企業にとどまらない

　銀行など、預金取扱機関の基本的な役割は、家計（☞16ページ）などから預金を集め、企業などに貸出しをすることです。しかし、その効果は、貸出しを受けた企業にとどまるものではありません。

　お金の流通を何倍にも増やし、景気を刺激することにもつながるのです。この効果を「信用創造」といいます。

### 💴 預金と貸出しを何倍にも増やす信用創造のしくみ

　信用創造のしくみを見てみましょう。右の図を見てください。

　ある銀行が100億円の預金を集めたとします。銀行はその一部、たとえば10億円を行内に残し、90億円をたくさんの企業に貸し出したとしましょう。

　貸出しを受けた企業は、仕入代金の支払いに充てたり、設備投資をしたりして、他の企業に支払います。その総額は90億円です。

　支払いを受けた企業は、そのお金を使うときまで銀行に預金します。あるいは、振込みで支払われたのなら、最初から預金に入るでしょう。いずれにしても、総額90億円の預金が増えるわけです。

　このとき、最初の銀行の預金100億円は減っていません。貸し出しただけだからです。

　一方、増えた90億円の預金の一部は、再び貸出しに回されます。最初と同じ9割を貸し出したとすると、81億円です。すると貸出しを受けた企業は、それを支払いに充て、再び預金が81億円増えます。

　銀行はまた、その9割の72.9億円を貸し出し、それを受けた企業

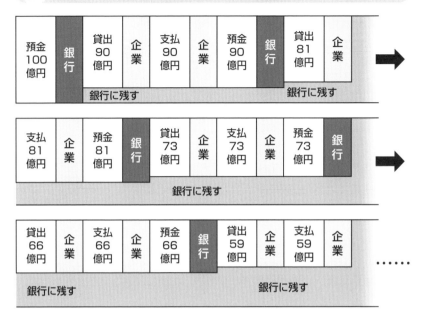

## 預金の貸出しによる「信用創造」とは

100億円の預金と90億円の貸出しは
信用創造のしくみによって何倍もの経済効果になります

は他の企業への支払いに……。

このように繰り返していくと、金額は65.61億円、59.049億円と減っていくものの、預金と貸出しは延々と増え続けます。

その最終的な総額は、何割を貸出しに回すかで変わりますが、9割の場合、預金1,000億円、貸出し900億円、8割の場合でも預金総額500億円、貸出し400億円になるのです。

つまり、100億円の預金と90億円の貸出しは、100億円、90億円の経済効果ではありません。信用創造のしくみによって、その何倍もの経済効果があるということです。

# 33

## ニュースに出てくる アメリカの「投資銀行」とは

### (¥) あのリーマン・ブラザーズも投資銀行だった

海外の経済ニュースなどで、ときどき「投資銀行」という用語が出てくることがあります。

ゴールドマン・サックスやモルガン・スタンレー、ＪＰモルガンといった社名は、誰でも聞いたことがあるのではないでしょうか。これらは、アメリカの最大手投資銀行です。

あのリーマン・ショック（☞146ページ）を引き起こした、リーマン・ブラザーズも投資銀行なので、当時は毎日のようにニュースに登場していました。

投資銀行の業務は、株式の発行や社債の引受け、Ｍ＆Ａ（企業の合併と買収）の仲介などです。ですから、日本でのイメージとしては証券会社に近いのですが、英語では「Investment Bank」なので、そのまま投資銀行と訳されています。

### (¥) 日本でも投資銀行の業務は行なわれている

実際、欧米の大手投資銀行は、株式の委託売買や直接の株取引、デリバティブ（☞154ページ）の扱いなども手がける総合証券会社です。

日本の証券会社との違いは、個人を顧客とせず、主に企業や機関投資家を相手にすること。

なかには、企業のＭ＆Ａの仲介だけを専門に行なう「ブティック型」と呼ばれる投資銀行もあったりします。

個人投資家を顧客とするのは、欧米では証券会社の仕事なのです。

ゴールドマン・サックス・グループ

# Morgan Stanley

モルガン・スタンレー

# J.P.Morgan

ＪＰモルガン・チェース

> これらはＭ＆Ａの仲介だけでなく、幅広く株式や
> 他の金融商品の業務を行なう総合証券会社です

　ですから日本でも、投資銀行の業務を行なっている金融機関はたくさんあるといえます。

　ただし、大手の証券会社や銀行の一部門として業務を行ない、投資銀行と名乗る有名金融機関がないため、投資銀行という名称が一般的でないだけです。

## ￥ アメリカ政府の高官にもなる投資銀行出身者

　アメリカの投資銀行で実績をあげた社員は、莫大な報酬を得ることでも有名です。

　また、経済と金融についての知識と手腕を活かして、アメリカ政府の高官に転身する人も多くいます。

　最近では、2017年のトランプ政権発足にあたって、財務長官や上級顧問などの政府高官に「ゴールドマン・サックス出身者が多すぎる」と話題になりました。

# 34 売買の仲介だけではない 「証券会社」の業務

## ¥ 「ブローカー」業務と「ディーラー」業務

　日本では、投資銀行（☞前項）の業務も**証券会社**などが行ないます。日本の証券会社が行なう業務は、右のように大きく分けて４つです。

　第一に「**ブローカー（委託売買）業務**」。投資家から株や債券の売買の注文を受けて、市場に取り次ぐ業務です。証券会社の本業ともいえる業務で、委託手数料が証券会社の収益になります。

　証券会社はまた、自らの資金と判断で株や債券の売買を行なうこともあります。この「**ディーラー（自己売買）業務**」が第二の業務で、売買で出た利益が証券会社の収益です。

　ただし、投資のリスクは一般の投資家と何ら変わりませんから、損失を被ることもあります。

## ¥ 「アンダーライター」業務と「セリング」業務

　第三の「**アンダーライター（引受け・売出し取扱）業務**」は、企業や国が新たに発行した株や債券を買い取り、市場に売り出す業務です。売買の差額が証券会社の収益になりますが、売れ残ったときには証券会社が引き受けなければなりません。

　これに対して、新しく発行された株や債券、すでに発行されている株や債券を、投資家に勧めて売るのが、第四の「**セリング（募集・売出し取扱）業務**」です。

　アンダーライター業務のように、売れ残りを引き受けるリスクはありませんが、収益は売れた分の手数料だけになります。

## 日本の証券会社の４つの業務

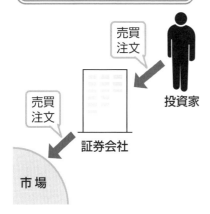

ブローカー
（委託売買）業務

売買
注文

投資家

売買
注文

証券会社

市場

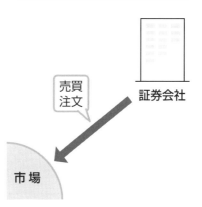

ディーラー
（自己売買）業務

証券会社

売買
注文

市場

アンダーライター
（引受け・売出し取扱）業務

企業や国

引受け

証券会社

売出し

市場

セリング
（募集・売出し取扱）業務

企業や国

証券

証券会社

募集
売出し

市場

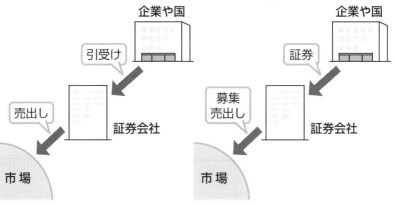

株や債券の売買仲介が本業ですが、自ら買い取ったり
投資したりと、リスクの高い業務も行ないます

# 35 「保険会社」も
立派な金融機関のうち

## ¥ 保険会社が金融機関であるワケ

　証券会社に比べると、**保険会社**は金融機関というイメージが薄いですが、立派な金融機関のひとつです。

　保険会社は、契約者から保険料を集め、その一部を企業に貸し付けたり、市場で運用しています。その利息や運用益を、保険金や配当として契約者に還元するというのが保険会社のビジネスです。

　確実に保険金が支払われるという意味では、銀行などの間接金融と同じといえるでしょう。また、お金を預かって運用するという点では、投信会社（☞60ページ）などの運用会社の一種ともいえます。

　保険会社が市場で運用する額は莫大で、重要な機関投資家のひとつとなっているのです。

## ¥ 保険を扱うのは保険会社だけではない

　保険会社としては、生命保険会社と損害保険会社が一般的ですが、会社ではなく協同組織による保険もあります。

　「○○共済」といった名前の保険がそれで、これは各種の組合組織が組合員を対象に運営しているものです。

　代表的な例として、全国労働者共済生活協同組合連合会（全労済）が運営する「**こくみん共済**」、全国生活協同組合連合会（全国生協連）を元請けとして各地の生協が運営する「**県民共済**」などがあります。

　共済制度では、保険料を「**掛金**」、保険金を「**共済金**」と呼ぶなどの違いはありますが、しくみとしては民間の保険会社の保険と変

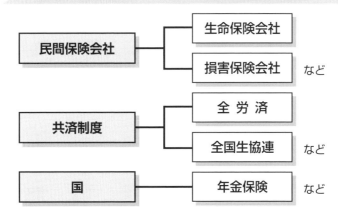

**民間の保険会社だけではない保険金を扱う機関**

生活協同組合などが運営する共済、
国が運営する年金なども市場で資金を運用しています

わりません。

また、保険会社が加入する保険もあります。

つまり、自然災害などで一度に多額の保険金を支払うことになると、保険会社は経営が立ち行かなくなる恐れがあるので、そのリスクを分散するため、保険に保険をかけるわけです。

これが「**再保険**」で、再保険を専門に扱う保険会社もあります。

そして、国が運営する**厚生年金**や**国民年金**なども重要な保険です。年金保険料として集められたお金は、受給者に給付されるほか年金積立金として積み立てられています。この積立金は、2006年以降は「年金積立金管理運用独立行政法人」（GPIF）が運用しているのです。

このように、民間の保険会社以外にもいろいろな機関が保険を扱っていますが、どれも金融機関と考えていいでしょう。

個人や企業のお金を保険料として預かり、運用をしてその運用益で保険金を支払うというしくみは変わらないからです。

# 36

## 銀行ではないのに貸出しをする「ノンバンク」

### ¥ 預金は預からないが貸出しはする

金融機関のなかには、「ノンバンク」と呼ばれる会社もあります。個人向けとしては消費者金融、信販会社、クレジットカード会社、企業向けとしては商工ローン、リース会社などです。

これらの会社は、銀行のように預金は預かりませんが、実質的にお金の貸出しをしています。銀行ではない、貸出しをする金融機関ということからノンバンクと呼ばれるわけです。

### ¥ 「消費者金融」「信販会社」などは消費者向け

「消費者金融」は、一般の消費者に対して小口の貸出しを行なう会社です。銀行と違って預金を受け入れないので、銀行や他の金融機関から借り入れた資金で貸出しをしています。

銀行の貸出しほど審査が厳しくなく、また無担保ですむのは、少額を多数の消費者に貸し出すことで、リスクの分散ができているからです。

次に「信販会社」は、直接の貸出しはしませんが、一括払いを分割払いにすることで、間接的にお金の貸出しをする会社です。

つまり、消費者が買い物をしたときに、代金は信販会社が販売店に一括払いしています。ここで消費者は、信販会社にお金を借りたことになるでしょう。

後で分割払いの代金を信販会社に払うのは、そのお金を返済しているのです。

「クレジットカード会社」も同様に、販売店に一括払いをしてカ

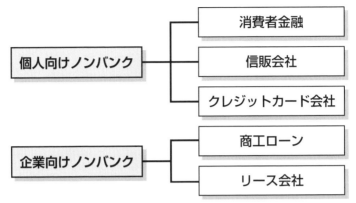

個人、企業に貸出しをするノンバンクのいろいろ

個人向けノンバンク ── 消費者金融

信販会社

クレジットカード会社

企業向けノンバンク ── 商工ローン

リース会社

個人の分割払いやクレジットカード払い、
企業のリース契約も、実質的にはお金を借りることです

ード利用者にお金を貸します。後でカード利用者が利用代金を支払うと、お金を返済したことになるわけです。

## 企業向けには「商工ローン」「リース会社」

　企業向けでは、消費者金融の企業版のような「商工ローン」があります。主に小企業に対し、比較的高金利の貸出しをする会社です。

　一方、「リース会社」が扱うリースのなかには「ファイナンス・リース」と呼ばれるものがあります。企業が設備などを購入する際に、リース会社からリース──借りる形式にするものです。設備の代金はリース会社が一括で支払い、企業は毎月リース料を払います。

　実質的には分割払いと同じことで、リース物件は返すことなく最後まで使われるのです。リース料もその前提で計算されています。

　ファイナンス・リースは、ファイナンス（金融）とあるとおり、実質的には分割払いによって、貸出しを受けているのです。

# ニュースで見たくない、「スイフト」の名前

　「スイフト」（ＳＷＩＦＴ）は、日本語で「国際銀行間通信協会」。銀行間の資金の決済などを安全、迅速にやりとりできるように、国際的な通信網を運用している国際協会の名称です。ＳＷＩＦＴは略称で、英語の正式名称は Society for Worldwide Interbank Financial Telecommunication となっています。

　英語のswiftには、「迅速な」「素早い」といった意味があるそうで、名前のとおりぼう大な国際間の決済を、素早く処理する通信インフラを運用している組織です。その通信網は、世界200以上の国・地域の、１万1,000を超える銀行、証券会社などに提供され、送金、外国為替はもちろん、証券取引、デリバティブにともなう金融情報などの通信に利用されています。

　スイフトは、ふつうに運用されていればニュースなどで報道されることはありません。名前が出てくるのは、何かあったときです。

　たとえば、国連決議に違反する核・ミサイル開発や他国の侵略などを行なった国の金融機関を、決済から排除する制裁を実施したりします。2017年には北朝鮮、2018年にイラン、そして2022年にはウクライナに侵攻したロシアの金融機関が排除されました。

　このようなことが可能なのは、スイフトが国際条約にもとづく機関ではなく、協同組合組織だからです。スイフトの監督は、主要11か国の中央銀行と、ヨーロッパ中央銀行が行なっています。

　いずれにしても、スイフトの名前が出てくるのは何かよくないことがあったとき。できることなら、その名前がいつまでも、ニュースに出てこない世界であってほしいものです。

# 5章

## 「金融市場」では
## 何が取引されているのか

Finance

# 37

# 金融商品は
# 「金融市場」で取引されている

## ⓨ 取引を行なったり取引相手を見つける場

　「金融市場」とはどのようなものでしょうか。それを知るために
は、市場という用語のもとになった「いちば」を思い浮かべてみて
ください。

　いちばでは、たとえば魚市場（うおいちば）のように、競りで売
買を成立させたりします。このように、多数の参加者が集まって一
斉に行なう取引の形態が「**市場（しじょう）取引**」です。

　一方、朝市のようないちばでは、売り手と買い手が一対一で交渉
し、値段を決めて売買するような光景も見られるでしょう。このよ
うな取引の形態は「**相対（あいたい）取引**」といいます。

　つまり、市場取引を行なったり、相対取引の相手を見つける場が
いちば＝市場です。そして、金融商品の市場取引を行なったり、相
対取引の相手を見つける場が「金融市場」なのです。

## ⓨ 取引はコンピュータ・ネットワーク上で行なわれる

　金融市場にもいろいろな市場がありますが、扱う金融商品で見る
と「**資金市場**」「**債券市場**」「**株式市場**」「**デリバティブ（金融派生
商品）市場**」「**外国為替市場**」などがあります。

　資金市場が扱う資金はお金そのものですが、お金の貸出しも立派
な金融商品です（☞49ページ）。

　これらの市場は、かつては実際に参加者がひとつの場所に集まっ
たり、売り手と買い手が会って話し合ったりしていましたが、現在
はコンピュータのネットワーク上や電話で取引が行なわれることが

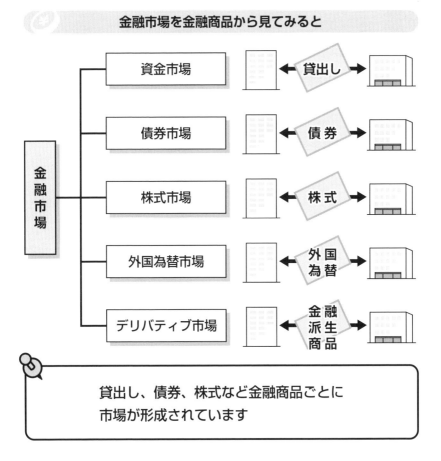

多くなっています。

　また、現在は金融のグローバル化（☞142ページ）が進んでいますから、金融商品も国境を越えて、クロスボーダーの取引をされることが普通です。

　そうした国際的な金融取引が大規模に行なわれている市場は、とくに「国際金融市場」と呼ばれます。

　19世紀にはロンドン、20世紀にはニューヨークが代表的な国際金融市場でしたが、現在では東京をはじめ、フランクフルト、チューリヒ、パリ、アムステルダムなど多くの国際金融市場があります。

# 38 さまざまな取引を行なう 金融市場のいろいろ

## ¥ 「短期金融市場」と「長期金融市場」がある

金融市場はまた、期間や参加者で分類して見ることもあります。

たとえば、1年未満の短期の金融取引をする市場が「**短期金融市場**」です。資金市場が、この短期金融市場にあたります。

一方、1年以上の取引をするのが「**長期金融市場**」で、株式市場と債券市場がこちらです。英語で「**キャピタル・マーケット**」というので「**資本市場**」と呼ぶこともあります。「**資金市場**」は「マネー・マーケット」です。

短期金融市場の資金市場はまた、金融機関だけが参加できる「**インターバンク市場**」（銀行間市場）と、一般の法人なども参加できる「**オープン市場**」に分かれています。

この資金市場のインターバンク市場の中心が「**コール市場**」です（☞次項）。

## ¥ 外国為替市場とデリバティブ市場も分かれている

短期金融市場と長期金融市場の分類をしたときには、**外国為替市場とデリバティブ市場**は分類に含めません。

ただし外国為替市場にも、銀行と外為ブローカー間の「インターバンク市場」と、銀行と顧客間の「**対顧客市場**」があり、為替相場も違ってきます。

また、デリバティブ市場は金融派生商品ごとの市場です。それぞれ「**先物市場**」「**スワップ市場**」「**オプション市場**」となります（☞154ページ）。

## 金融市場を期間や参加者で見てみると

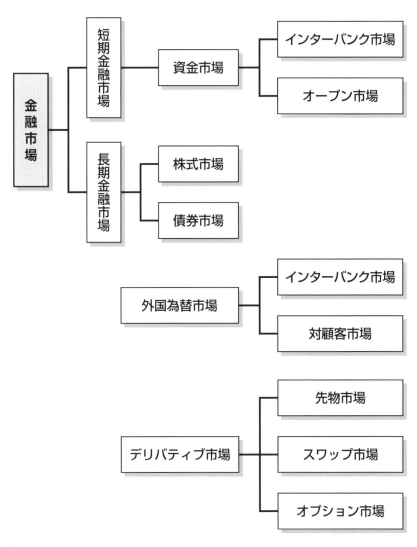

期間で見ると「長期金融市場」と「短期金融市場」、
参加者で見ると「インターバンク市場」などがあります

# 一般には知られていないが
# 重要な「資金市場」

## ¥ 銀行などが短期的な資金の貸し借りをする市場

「資金市場」は、ふだん私たちの目には触れませんが、重要な市場です。ひとつには、銀行などの金融機関が、短期的に資金を貸し借りする場としての重要性があります。

銀行も、資金が足りなくなったり、余ったりすることがあるものです。むしろ、大量の資金を毎日動かす分、資金の過不足は起こりやすいといえます。

そのとき、お金が余っている銀行から、お金が足りない銀行に融通する市場がなければ、経済の血液である金融はスムーズに流れなくなってしまうでしょう。

## ¥ コール市場の金利は日銀の金融政策の目標

資金市場のインターバンク市場の中心は「コール市場」です。

「マネー・アット・コール」＝呼べばすぐに帰ってくる資金といわれるほど、短期の資金を取引します。取引を仲介するのは、「短資会社」という専門の金融機関です。

このコール市場の存在がもうひとつ、資金市場が重要な理由になっています。

コール市場の金利のなかに、無担保で翌日には決済するものの金利＝「無担保コールレート」（オーバーナイト物）があり、この金利が日銀の金融市場調節の目標になっているからです（☞128ページ）。

インターバンク市場には、コール市場のほかに「手形売買市場」などがあります。

## 資金市場にはこんな市場がある

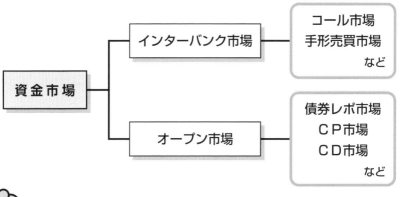

```
                    ┌─ インターバンク市場 ─┬─ コール市場
                    │                      │  手形売買市場
                    │                      │         など
   資金市場 ───────┤
                    │                      ┌─ 債券レポ市場
                    └─ オープン市場 ───────┤  ＣＰ市場
                                           │  ＣＤ市場
                                           │         など
```

インターバンク市場ではコール市場が重要。
オープン市場では債券レポ市場が重要です

## Ⓨ オープン市場の債券レポ市場とは

　一方、資金市場のオープン市場の中心は「**債券レポ市場**」です。レポとは、一定期間後に買い戻す契約をして、債券を売却する取引をいいます。レポはrepurchase（買戻し）の略です。

　レポ取引をすると売却代金が手に入り、自由に使うことができます。ただし、一定期間後には買い戻さなければなりません。

　つまりレポ取引は、国債などの債券を担保に、期間限定で資金を借りるのと同じです。

　レポ取引は、賃借契約によって行なわれます。これを売買契約で行ない、買戻しを条件に売却する取引が「**現先取引**」です。

　オープン市場にはこのほか、企業が資金調達のために発行する約束手形「**コマーシャル・ペーパー**」（ＣＰ）や、第三者に譲渡できる特殊な預金「**譲渡性預金**」（ＣＤ）の市場があります。

# 40 株式市場の中心は「証券取引所」

## 株式市場の動きは注目されている

　金融市場のなかで、最もよく知られているのが「**株式市場**」でしょう。何か動きがあればすぐにニュースになり、動きがなくてもその株価指数（後述）は毎日、報道されています。

　それというのも、株式市場が金利や為替相場など複雑な要因を織り込んで動くからです。株式投資をしていない人にとっても、株式市場の動向は注目したいものなのです。

　株式市場には、2つの市場があります。ひとつは、株式が市場に売り出されるまでに、発行企業と証券会社が株数や価格を決め、出資者を募集する市場です。これを「**発行市場**」といいます。

　発行された株が売買されるのは「**流通市場**」です。こちらの動きは日々のニュースで報道され、私たちの注目を集めています。

## 株式市場の中心、「証券取引所」とは

　株式の流通市場で、市場の中心となっているのは「**証券取引所**」です。

　実は、証券取引法が金融商品取引法に改正され、証券取引所の法律上の名称は「**金融商品取引所**」となっていますが、各取引所とも社名は○○証券取引所のまま活動しています。

　日本の証券取引所は2023年現在、4つです。東京証券取引所（東証）のほか、名古屋、福岡、札幌にあります。

　大阪証券取引所は東証と市場統合し、デリバティブに特化した大阪取引所になりました。このとき、経営統合により「日本取引所グ

## 株式市場の動向をあらわす「株価指数」とは

| 東証株価指数<br>（TOPIX） | 東証プライム市場の全銘柄の時価総額の合計<br>（TOkyo stock Price IndeX） |

| 日経平均株価<br>（日経２２５） | 東証プライム市場の代表的な225銘柄の株価の<br>単純平均 |

| ダウ平均<br>（ダウ・ジョーンズ工業株価平均） | アメリカを代表する<br>優良30銘柄の平均株価指数 |

個々の株価の値動きでは市場全体の動向がわからないので
全体や代表的な株価の平均をとって指数化しています

ループ」が誕生し、東証と大阪取引所は子会社になっています。

### 株式市場では「株価指数」で動向がわかる

　証券取引所には多数の株式が上場され、株価が上がる株もあれば
下がる株もあります。そこで、市場全体としてどうなっているのか、
指数であらわすのが「**株価指数**」です。

　**東証株価指数**（TOPIX）は、原則として東証プライム市場の全
銘柄の時価総額の合計を指数化しています。

　一方、**日経平均株価**（日経２２５）は、東証プライム市場から代
表的な225銘柄を選び、株価の単純平均を指数としたものです。

　海外では、ニューヨーク市場の**ダウ平均**（ダウ・ジョーンズ工業
株価平均）などがよく知られています。

# 41

# 「株式市場」はこんなしくみで取引をしている

## ¥ 取引ができるのは資格を持った証券会社だけ

**株式市場**では、街なかの"いちば"のように自由に取引ができるわけではありません。

まず、取引できる株式は、証券取引所の審査を受けて上場（☞50ページ）を許された株式だけです。市場ごとに、さまざまな上場審査基準が設けられています。

上場することを「**株式公開**」といい、公開された株が「**公開株**」です。

一方、**未公開株**は、取引所で取引できないので、基本的には当事者間で売買をすることになります。ただし新規に上場する株は、その直前に、一般に向けて未公開株が売り出されます。

また、市場で取引ができるのも、東証の場合で「取引参加者」と呼ばれる証券会社だけです。こちらも証券取引所の審査を受けて、取引資格を取得する必要があります。

ですから個人はもちろん、どんな大企業や団体も、株を売買するには資格を持つ証券会社に売買注文を出さなければならないのです。

証券会社を通して市場に集められた膨大な数の売買注文は、値段や株数がつき合わされ、合致した注文の売買が成立します。

といっても、現在は株券が電子化されているので、すべての取引はコンピュータのネットワーク上で行なわれています。

## ¥ 上場基準により複数の市場がある

東証のような証券取引所では、取引をする市場が複数あります。

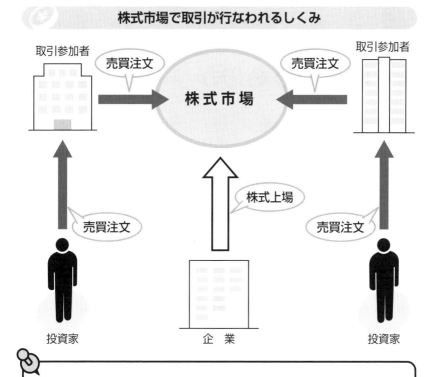

**株式市場で取引が行なわれるしくみ**

取引参加者　売買注文　　　　　　売買注文　取引参加者

**株式市場**

株式上場

売買注文　　　　　　　　　　　売買注文

投資家　　　　　企　業　　　　投資家

どんな投資家も資格を持った証券会社を通して
売買注文を出さなければなりません

　東証の場合でいうと、株式市場でも「**プライム市場**」「**スタンダ
ード市場**」「**グロース市場**」の３つがあります。

　この市場区分は、東証が大証（大阪証券取引所）と統合した際に、
それぞれの市場構造を維持して計６つの市場区分になっていたもの
を、2022年の４月に見直したものです。

　３つの市場のいちばんの違いは、上場基準の厳しさにあります。
新興企業向けのグロース市場は上場基準が比較的ゆるく、スタンダ
ード市場、プライム市場と上がっていくほど、上場基準が厳しくな
るのです。

# 42

## 株の「信用取引」とは どういうものか

### 証券会社からお金や株を借りて売買する

普通にお金をやりとりして株式を売買するのを、株式の「**実物取引**」といいます。これに対し、証券会社からお金や株式を借りて、売買するのが「**信用取引**」です。

信用取引では、値上がりすると思う株を、証券会社からお金を借りて買います。思ったとおり値上がりしたら、株を売ってお金を返せば、値上がり分が儲けとして残るわけです。

反対に値下がりすると思ったら、証券会社から株を借りて売り、値下がりしたら買い戻して、株を返します。たとえば、100万円で売った株が80万円で買い戻せたら、20万円の儲けが残る計算です。

買うのは「**信用買い**」、売るのは「**カラ売り**」といいます。

### 「追い証」や無限大の損失のリスクも

信用取引では証拠金取引（☞66ページ）と同様、「**委託保証金**」を預けることが必要です。この委託保証金は、損失分などを差し引いてつねに一定以上を維持することになっています。

つまり、株価が変動して計算上、損失の額が大きくなると、追加の保証金が必要になるわけです。これが「**追い証**」です。

このような信用取引は、市場を活性化する目的で設けられています。しかし、約3倍までのレバレッジ（☞162ページ）をきかせることができるので、資金以上の損失が出ることもあります。

とくにカラ売りでは、株価に上限がないため、理論上は無限大の損失が出る可能性が指摘されています。

## 株の信用取引が行なわれるしくみ

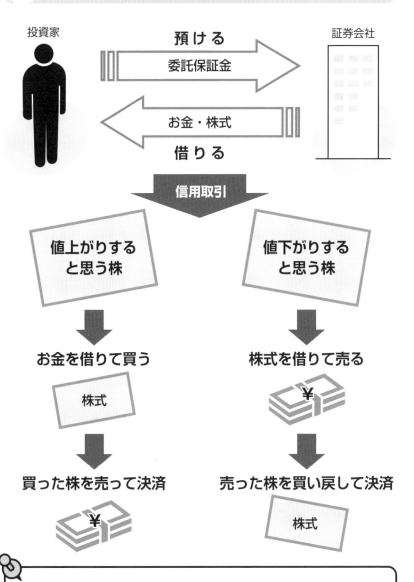

投資家

証券会社

**預ける**
委託保証金

お金・株式
**借りる**

**信用取引**

**値上がりすると思う株**

**値下がりすると思う株**

お金を借りて買う

株式を借りて売る

株式

¥

買った株を売って決済

売った株を買い戻して決済

¥

株式

思ったとおりに値上がり（値下がり）すると儲けが出るが、逆になると損失が出るリスクがあります

# 43

## 国債や社債を取引する「債券市場」

### (¥) 債券市場の中心は金融機関や機関投資家

株式市場と並んで、長期金融市場の一方を占めているのが「**債券市場**」です。

債券には個人投資家向けのものが少ないので（☞52ページ）、債券市場の投資家のほとんどは金融機関や、機関投資家（☞116ページ）になっています。

また近年は、量的金融緩和（☞130ページ）のために日銀が国債を大量に買い込み、債券市場での比重を高めているのが実情です。

### (¥) 上場された債券は「取引所取引」で売買される

債券にも上場の制度があるので、上場された債券は証券取引所で取引されます。

たとえば東証では、国債や「転換社債型新株予約権付社債」といった債券が上場され、売買を行なうことが可能です。

また東証は、TOKYO PRO-BOND Market というプロ向けの債券市場も運営しています。

BONDとは、債券のことです。

こうした、証券取引所で行なう取引を、債券の「**取引所取引**」といいます。

### (¥) 非上場の債券は「店頭取引」で売買する

しかし債券は、種類が非常に多いのに加えて、つねに償還されたり新規発行されたりして入れ替わるものです。

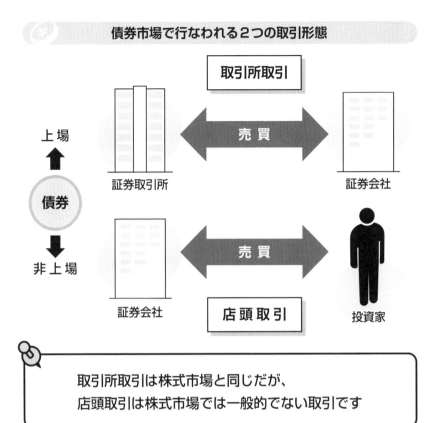

**債券市場で行なわれる2つの取引形態**

取引所取引

上場

債券

非上場

売買

証券取引所

証券会社

売買

証券会社

投資家

店頭取引

取引所取引は株式市場と同じだが、
店頭取引は株式市場では一般的でない取引です

　証券取引所での取引所取引だけでは扱いきれないので、当事者間の相対取引が行なわれています。

　証券会社がディーラー（☞84ページ）として売買の相手になったり、証券会社同士が売買を行なうわけです。これを債券の「**店頭取引**」といいます。

　店頭取引という名前ですが、実際に証券会社の店頭で取引を行なう必要はなく、取引所取引と区別するための呼び名です。

　債券市場の取引では、取引所取引ではなく、店頭取引が大部分を占めています。

# 44 先物取引などを扱う「デリバティブ市場」

## ¥ デリバティブにも市場がある

　金融派生商品——デリバティブにも市場が形成されています。デリバティブについては、金融技術の章（8章）で説明しますが、要するに先物取引みたいなものを考えてください。

　たとえば、米は作柄などで値段が上下するので、作柄がわかる前に、売り手と買い手が値段を取り決めておくことが江戸時代から行なわれていました。

　これによって、買い手は極端に米の値段が上がったときのリスクがヘッジ（回避）でき、売り手は極端に米の値段が下がったときのリスクがヘッジできます。

　このような「○○両で買う約束」「○○両で売る約束」のようなものを金融商品にして、取引をするのがデリバティブです。

## ¥ 「上場デリバティブ」と「店頭デリバティブ」

　デリバティブにも上場の制度があるので、取引所で取引ができます。たとえば、大阪取引所（☞98ページ）で取引できるデリバティブ取引は、右図のようなものです。

　「指数○○取引」とあるものでは、TOPIXや日経平均株価などの株価指数を、株価のように見立てて売買します。

　また、「国債先物○○取引」は、国債で江戸時代の米のような先物取引を行なう取引です。

　このように市場で取引されるデリバティブを「**市場デリバティブ**」とか「**上場デリバティブ**」といいます。

## 市場ではこのようなデリバティブが取引される

指数先物取引

指数オプション取引

国債先物取引

国債先物オプション取引

有価証券オプション取引

（大阪取引所の上場デリバティブの例）

デリバティブ取引の大半は上場デリバティブではなく
店頭デリバティブで取引されています

　しかしデリバティブの大半は、実は当事者同士の相対取引＝店頭取引で取引されています。これが上場デリバティブに対して「**店頭デリバティブ**」と呼ばれるものです。

　店頭デリバティブの市場規模は、上場デリバティブとは比べものにならないくらい大きなものになっています。

## インターバンク市場と対顧客市場がある

　店頭デリバティブは巨大な市場で、巨額の資金が動くため、そのリスクをヘッジするために金融機関間の市場──インターバンク市場があります。これに対して、当事者同士の相対取引で行なわれる店頭デリバティブは対顧客市場です。

　つまり、店頭デリバティブの市場には、外国為替市場と同様に、インターバンク市場と対顧客市場があるということです（☞110ページ）。

# 45 「外国為替市場」が世界の為替相場を決める

## ¥ 「為替」「為替相場」「為替市場」とは

　「為替」とは、もとは小切手や手形、為替証書を使って、現金を動かすことなくお金を送る方法のことです。昔は外国への送金にも、主に為替を使っていました。すなわち「**外国為替**」です。

　外国為替のやりとりでは、通貨の交換が必要になります。このとき問題になるのが、交換の比率です。たとえば、1ドルを何円と交換するか、ということです。

　この交換の比率が「**外国為替相場**」なのです。

　通貨の交換は、見方を変えると、ある通貨で別の通貨を買う取引ともいえます。その取引を行なうのが「**外国為替市場**」です。

　市場では、需要と供給の関係などで価格が変動します。ですから、外国為替相場は変動するのです。

　今日では、為替といえば外国為替、略して「**外為**」（がいため）をさすことが多くなりました。「**為替相場**」「**為替市場**」といったときも、ほとんどは外国為替相場、外国為替市場のことです。

## ¥ 「外為ブローカー」が為替取引を仲介する

　外国為替市場は、世界のあちこちにあります。そして、地球の回転に応じ、ほとんどの時間どこかの市場が開いています。ですから、外国為替相場もほとんど24時間、変動するわけです。

　市場といっても、外国為替には取引所がありません。外国為替は相対取引（☞92ページ）だからです。

　よくニュースなどで流れる円卓を囲んだ人たちの映像も、取引所

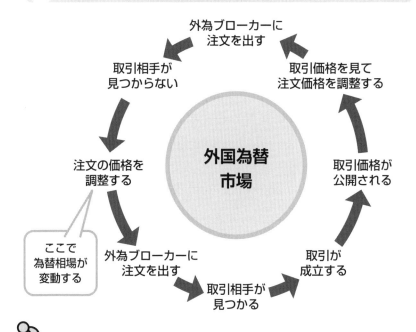

外国為替相場が決まるしくみ

外為ブローカーに
注文を出す

取引相手が
見つからない

取引価格を見て
注文価格を調整する

注文の価格を
調整する

外国為替
市場

取引価格が
公開される

ここで
為替相場が
変動する

外為ブローカーに
注文を出す

取引相手が
見つかる

取引が
成立する

外為ブローカーが受けた注文を仲介し、
外国為替取引を成立させています

ではなく、相対取引を仲介している光景です。

　映っている人たちは、「**外為ブローカー**」と呼ばれる会社の社員で、電話やコンピュータ・ネットワークで取引を仲介し、成立させるのが仕事です。ただし銀行は、コンピュータ・ネットワークを使って、自分で取引相手を探すことがあります。

　もし取引相手が見つからなければ、価格を調整して注文を出し直すことが必要です。その価格で取引が成立すれば、外為ブローカーや報道機関によってただちに公開されます。

　こうした繰り返しで、外国為替相場が形成されているのです。

# 46 意外に知られていない 為替相場の読み方

### (¥) 為替相場には「ビッド」と「オファー」がある

ニュースの最後などに流れる外国為替相場は、「1ドル○○円○○銭から××円××銭で取引されています」と報道されます。

これは為替相場の「買い値」と「売り値」の2つの価格です。買い値は「**ビッド**」、売り値は「**オファー**」といいます。

ビッドとオファーは、実際に買われた価格と売られた価格です。

ですから、これから為替取引をしようという人にとっては、ビッド（買い値）はこの価格なら売れるであろう価格、オファー（売り値）はこの価格なら買えるであろう価格、ということになります。

### (¥) 対米ドル、対ユーロ相場が報道されるワケ

また、日本のニュースで報道されるのは、「1ドル○○円○○銭」といった対米ドル相場と、それに対ユーロ相場がほとんどです。

これは、アメリカドルとユーロが、為替相場の基準になっている通貨だからです。世界のどの為替市場でも大量に取引され、貿易の決済などにも幅広く使われています。

このような通貨をキー・カレンシー、「**基軸通貨**」といいます。

もっとも、ユーロがドルに次ぐ第二の基軸通貨になったのかは、意見が分かれるところです。ドルもユーロも売られるときに買われる円を、第三の基軸通貨という人もいます。

### (¥) 「インターバンク市場」が為替市場の中心

ところで、ニュースで為替相場を確認して銀行に行き、たとえば

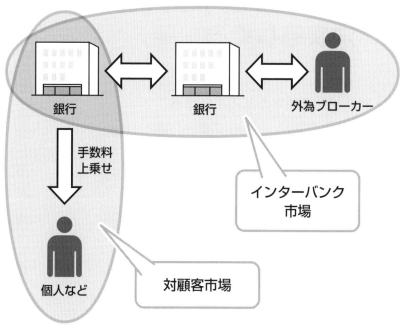

### 為替市場の「インターバンク市場」と「対顧客市場」

銀行 ⇔ 銀行 ⇔ 外為ブローカー

インターバンク
市場

手数料
上乗せ

個人など

対顧客市場

為替相場といったときはインターバンク市場の相場。
インターバンク市場が為替市場の中心です

円とドルを交換しようとしても、ニュースで聞いた相場で交換する
ことはできません。

　ニュースで流れたのは、銀行同士の間で通貨の交換をするときの
相場です。個人が銀行で交換するときには、それに銀行の手数料が
上乗せされます。

　このような個人と銀行の間の為替市場が「**対顧客市場**」です。

　銀行同士の為替市場は「**インターバンク市場**」と呼びます。イン
ターバンク市場こそが、為替市場の中心です。

# 47

## 為替市場で円高や円安が決まるしくみ

### (¥) 貿易収支が黒字だと円高になる

為替相場は、どんな要因で変動するのでしょうか。

従来からいわれているのは、貿易収支の動向です。貿易収支が黒字——すなわち輸出のほうが多いと、代金として受け取るドルのほうが多くなります。

そのドルを国内で使うには、円に交換しなければなりません。そのため円の需要が増え、円高になるという関係です。

逆に貿易収支が赤字だと、輸入のほうが多くなって、出ていく円が多くなります。ドルに交換する需要が高まり円安になるわけです。

### (¥) 海外からの投資が増えると円高になる

しかし、円とドルの交換が必要になるのは貿易だけではありません。国際金融取引でも必要になるので、これも為替相場を動かす要因になります。

たとえば何かの要因で、海外から日本への投資が増えると、投資資金として外貨を円に換える取引が増えます。円の需要が高まるので、円高になるわけです。

現在では、こうした国際金融取引の規模が非常に大きくなっており、貿易収支が赤字になって円安になりそうな局面でも、円高が変わらないといったケースも増えています。

### (¥) 為替相場はさまざまな要因の影響を受ける

具体的には、好景気、株高、ＧＤＰ成長率の改善、高金利などが

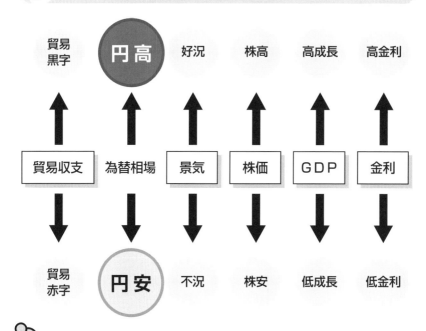

こんな要因で円高、円安になる

| 貿易黒字 | 円高 | 好況 | 株高 | 高成長 | 高金利 |

貿易収支　為替相場　景気　株価　GDP　金利

| 貿易赤字 | 円安 | 不況 | 株安 | 低成長 | 低金利 |

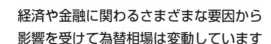

経済や金融に関わるさまざまな要因から
影響を受けて為替相場は変動しています

円高の要因です。いずれも、海外から日本への投資が増える要因となり、円の需要を高めるからです。

　もちろん、逆にこれらの低下、悪化が、円安の要因になることはいうまでもありません。

　しかし、こうした要因だけで予測ができないのも為替相場です。たとえば、日銀の為替介入、政府要人の発言、大規模災害の発生などでも、為替相場が大きく影響を受ける場合があります。

　結局、経済や金融に関わるほとんどあらゆる事柄から影響を受けて、変動するのが為替相場なのです。

# 48 円を借りて外貨を買う「円キャリー・トレード」

## ¥ 金利が為替相場に影響を与える

　為替相場に影響を与える要因のうち、とくに注意して見ておきたいのが**金利**です。為替相場は金利に影響を与えますが（☞40ページ）、金利もまた為替相場に影響を与えるのです。

　一般に、金利が高い国の金融商品は、他の国から投資されることが多くなります。たとえば、アメリカの金利が日本より高いと、アメリカに投資するために円売り、ドル買いの動きが進むことになるでしょう。

　これは、円安（ドル高）の原因になります。通常、金利が高いとその国の通貨は通貨高、金利が低いと通貨安になるわけです。

## ¥ 円キャリー・トレードが急激な円高を引き起こす!?

　日本の円は、海外の通貨と比べて金利が低い状況が続いています。そこで、金利が低い（安い）円を借りて、金利の高い国で運用する投資が盛んです。

　こうした取引を「**円借り取引**」とか「**円キャリー・トレード**」といいます。円キャリー・トレードでは、運用益に加えて、金利の利ざやも期待できるわけです。

　円キャリー・トレードが行なわれると、円を外貨に換えるために円売りとなって、円安要因になります。

　しかし、運用している国が急に利下げに踏み切ると、運用していた外貨を売却し、円に換えて返済することが必要になります。これは円高要因ですが、このとき「巻き戻し」と呼ばれる急激な円高が

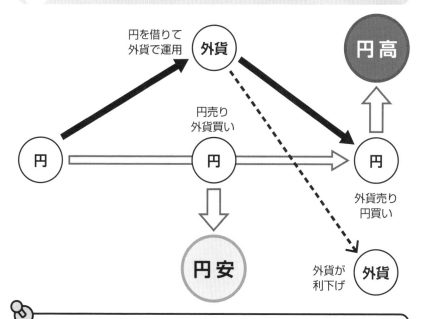

円キャリー・トレードと為替相場

円を借りて
外貨で運用

外貨

円高

円売り
外貨買い

円

円

外貨売り
円買い

円安

外貨が
利下げ

外貨

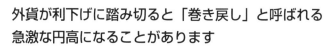

外貨が利下げに踏み切ると「巻き戻し」と呼ばれる
急激な円高になることがあります

起こることがあります。

### ⥿ ＦＸが円安要因になっている？

　円キャリー・トレードは、円を借りて外貨で運用するわけですか
ら、ＦＸ（☞66ページ）なども広い意味で含まれます。ＦＸの隆盛
は、大きな円安要因になっているわけです。

　また、日銀による円売りドル買いの為替介入（☞122ページ）も、
広い意味で円キャリー・トレードです。実際、買ったドルはアメリ
カ国債などで保有しているので、高金利で運用していることになり
ます。

# 49

# 市場には「個人投資家」と「機関投資家」がいる

## ¥ 個人投資家と機関投資家の違いとは

市場でさまざまな投資を行なう投資家は、大きく分けて「**個人投資家**」と「**機関投資家**」に分類されます。

個人と機関というと、投資の規模で分類しているように見えますが、両者の根本的な違いは、自分のお金で投資をしているかどうかです。

「機関投資家」というのは、投資信託、年金基金、保険会社、それにヘッジファンド（☞150ページ）などのこと。いずれも、個人、企業、国家などのお金を預かって、投資をしていることがわかるでしょう。

機関投資家は、巨額の資金を一度に動かすため、その動きは市場に大きな影響を与えます。ひとつの機関投資家が大量の売り買いの注文を出すと、それだけで相場が変動することがあるくらいです。

ですから、機関投資家の動きは他の投資家から注目されていて、追随する投資家も多く、それが結果的に相場の変動を増幅することもあります。

## ¥ もうひとつの変動要因、「海外投資家」の動向

ただし、機関投資家が投資する金額の総額は、必ずしも市場のトップではありません。たとえば株式市場でいうと、機関投資家の売買金額は1割から2割に満たず、個人投資家がそれを超えて2割から3割を占めます。

では、残りは何かというと「外国人」です。「**外国人投資家**」と

## 日本の株式市場の投資家別売買状況

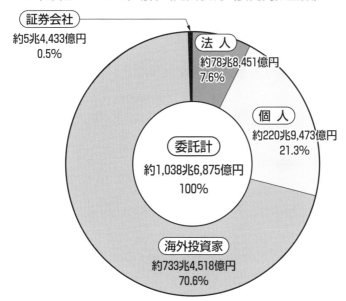

2022年東証プライム市場株式売買状況（委託内訳金額）

証券会社
約5兆4,433億円
0.5%

法　人
約78兆8,451億円
7.6%

個　人
約220兆9,473億円
21.3%

委託計
約1,038兆6,875億円
100%

海外投資家
約733兆4,518億円
70.6%

（日本取引所グループ投資部門別売買状況より作成　www.jpx.co.jp）

日本の株式市場では個人が法人の約２倍、
海外投資家がその４倍超の売買をしています

か「**海外投資家**」と呼ばれる海外の資金が、日本の株式市場に流れ込んでいるのです。

　上のグラフは、日本取引所グループ（☞98ページ）が公表している株式売買状況のうち、東証プライム市場の2022年の内訳を金額ベースでまとめています。

　売買の８割以上を占める委託売買の内訳で、この分類では法人、個人、海外投資家、それに証券会社の４分類となっていますが、海外投資家が実に７割を超えています。

# 「ＥＳＧ投資」はこうして広がった

　2006年、国連は「国連責任投資原則」（ＵＮＰＲＩ）を発表し、当時のコフィ・アナン事務総長が各国の機関投資家に対して、この原則への署名を求めました。今日のＥＳＧ投資、ＥＳＧ経営はここから始まっています。

　ＵＮＰＲＩ（United Nations Principles for Responsible Investment）は、機関投資家が投資先の分析や選択に際して、投資先の「ＥＳＧの課題」への取組みを、評価の基準のひとつに組み入れることなどを求めた原則です。

　原則の文章は「私たちは」から始まり、機関投資家が宣言に署名することにより、機関投資家自身が宣言する形になっています。

　宣言の発表当初は、限られた数の署名にとどまっていましたが、2023年４月の時点では5,383機関（うち日本は123機関）に広がる勢いです。

　ＥＳＧ投資は、投資先のＥ（環境）、Ｓ（社会）、Ｇ（ガバナンス）への取組みを重視して投資を行ないます。

　投資家が投資先の分析や選択に、ＥＳＧへの取組みを組み入れれば、投資を受ける側としても、ＥＳＧへの取組みを重視せざるをえません。ＥＳＧ投資は、ＥＳＧ経営につながるわけです。

　さらに企業は、自社のサプライチェーンの上流・下流の取引先に対しても、ＥＳＧへの取組みを求めることになります。こうして、ＥＳＧ経営もさらに広がったのです。

　ＥＳＧを重視する考え方を広げるにあたり、投資家に着目した国連のねらいは当たったといえるでしょう。

# 6章

## 日銀は「金融政策」で
## 何を行なっているのか

Finance

# 50

# 金融の「最後の貸し手」、日本銀行とは

### ¥ 日本銀行は日本の「中央銀行」

　日本銀行——日銀には、さまざまな別名があります。いわく「政府の銀行」「銀行の銀行」、さらに「物価の番人」「通貨の番人」、そして「最後の貸し手」なども日銀の別名です。

　これらは日銀が、日本の**中央銀行**であることをあらわしています。日本銀行法の第一条は「日本銀行は、我が国の中央銀行として」から始まるのです。

　中央銀行は、銀行として主に3つの役割をもっています。

　第一に、紙幣を発行する**発券銀行**として。貨幣は国が発行していますが、これは造幣局が製造した後、日本銀行に交付されます。

　第二に税金を預金として国から預かったり、国債の発行事務を行なう**政府の銀行**としての役割。

　第三は、民間の銀行間の決済や、必要なら銀行に対して貸出しも行なう**銀行の銀行**としての役割です。

　これらが、中央銀行としての日銀の基本的な役割であることは、いうまでもありません。

### ¥ 「物価の番人」であり「通貨の番人」でもある

　ところで、民間の銀行間の資金決済などを行ない、日本の通貨である「日本銀行券」を発行するということは、日本の金融の中心として、通貨と金融の調節ができるということでもあります。

　そこで、日本銀行法が定めているのが、日銀の2つの目的です。第一に、「物価の安定を図ることを通じて国民経済の健全な発展に

金融機関の「最後の貸し手」として
無利息、無担保の「日銀特融」を行なうこともあります

資する」（第一条第一項、第二条）。そして第二には、「信用秩序の
維持に資する」（第一条第二項）、すなわち金融システム（☞20ペー
ジ）の安定に貢献するということです。

　つまり、物価の安定と、金融システムの安定が、日銀の二大目的
なのです。このことから日銀は「**物価の番人**」「**通貨の番人**」と呼
ばれています。

### ¥ 無利息、無担保の緊急融資「日銀特融」

　日銀には「銀行の銀行」として、国内の金融機関すべての当座預
金口座が設けられています。ですから、金融機関同士の決済ができ
るわけですが、それだけではありません。

　緊急の場合には、資金不足に陥った金融機関に対して、無利息、
無担保の緊急融資を行ないます。これが「**日銀特融**」です。ここか
ら日銀は、金融機関に対する「**最後の貸し手**」とも呼ばれます。

# 51 日銀は「金融政策」で 日本経済を調整する

## (¥)「金融政策」にはいくつかの目標がある

　日銀が「銀行の銀行」としての役割を活用すると、世の中に出回るお金の量、すなわち「通貨供給量」（マネーストック）やコスト（金利）をコントロールすることができます。

　このことを利用して、日本の経済活動全体を調整するのが日銀の「**金融政策**」です。

　日銀が実行する金融政策には、右のような目標があるとされます。最優先の目標は、もちろん物価の安定です。

　他の目標は、目的が同じでも、短期的には矛盾することがあります。それに対して物価の安定は、長期的に、雇用水準の維持や経済成長の維持などにもつながると考えられるからです。

　もっとも、政策という名前がついていますが、政府が決めるものではありません。

　政府が自分たちの都合で勝手に通貨供給量を増やしたりしないよう、金融政策は政府から独立したものでなければならないとされるからです。これを「**金融政策の独立性**」といいます。

## (¥)「為替介入」も金融政策のひとつ

　「為替レートの安定」も、金融政策の目標のひとつです。

　たとえば、円高や円安が急激に進んで金融システムが不安定になりそうなときは、財務大臣の指示で、代理人として為替市場の売買に参加します。

　円高や円安を抑制する方向に売買し、為替相場に介入するのです。

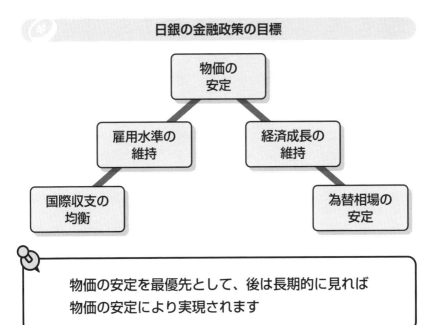

**日銀の金融政策の目標**

物価の
安定

雇用水準の
維持

経済成長の
維持

国際収支の
均衡

為替相場の
安定

物価の安定を最優先として、後は長期的に見れば
物価の安定により実現されます

　これが「為替介入」とか「市場介入」と呼ばれるもので、国の財務大臣の指示で行なうので、政府も加えて「政府日銀の為替介入」などとも報道されます。

　もちろん、為替市場は巨大な規模なので、日銀が売買する金額だけで相場が左右されるとは限りません。

　しかし少なくとも、政府日銀が現在の相場を適切だとは見ていない、適切な相場に戻したいと考えている、というメッセージを市場に送ることができます。

　すると投資家は、政府日銀がそう考えるなら相場は下がる（上がる）かもしれないと思い、投資を手控えることもあるでしょう。

　間接的に、相場に心理的な影響を与えるわけで、このような効果を**「アナウンスメント効果」**といいます。

　為替介入はアナウンスメント効果により、実際の売買金額による効果以上の効果を期待できるのです。

# 日銀の金融政策の手段は3つある

## ¥ 金融政策は「金融政策決定会合」で決定される

金融政策の方針は、日銀の政策委員会の会議で決定されます。ニュースでよく流れる「**金融政策決定会合**」というのがそれです。

年8回、各2日間、日銀総裁と副総裁2名、審議委員6名、計9名の政策委員による多数決で決定されています。

こうして決定された金融政策を、具体的に実現する手段として、日銀がとってきた伝統的な方法は3つです。

「**公定歩合**」操作、「**預金準備率**」（☞次項）操作、「**公開市場**」操作による政策金利の誘導の3つがあります。

## ¥ 金利を操作するか、マネーストックを操作するか

ここでいう「**政策金利**」とは、中央銀行が市場の金利の目標とする利率です。政策金利には、期間が1年未満の「**短期金利**」を用います。

これに対して、期間が1年以上の金利が「**長期金利**」で、「**経済の体温計**」といわれるほど重要なバロメーターになっていることは、前にもお話ししました（☞28ページ）。

短期金利は政策金利として利用されるので、日銀の意向が強く反映されます。しかし長期金利は、市場の判断で決まる傾向が強いので、経済のバロメーターになるのです。

一方、金融政策手段の二番目の預金準備率操作では、マネーストックを対象にします。日銀の金融政策は、このように金利を操作するか、マネーストックを操作するかのどちらかです。

金融政策の３つの手段

金利を操作

マネーストック
（通貨供給量）
を操作

| 公定歩合<br>操作 | 預金準備率<br>操作 | 公開市場<br>操作 |
|---|---|---|
| かつては日銀の「伝家の宝刀」<br>現在は金利の自由化などで効果が薄い | 日銀にも準備預金制度があるが、金利の自由化が進むと効果が薄い | 現在最も重要な金融政策手段<br>市場に資金を供給して金利を誘導する |

３つの手段があるが、伝統的な金融政策手段として
現在、重要なのは「公開市場操作」です

## ¥「公定歩合」の操作は効果が薄くなった

　３つの手段のうちの公定歩合とは、日銀が民間の銀行に貸し出すときの金利です。かつて日銀の「伝家の宝刀」といわれていました。

　日銀が公定歩合を上げ下げするだけで、市場の短期金利が上がり下がりしたからです。公定歩合すなわち政策金利だったのです。

　しかし、金利の自由化や、インターバンク市場の発達で日銀貸出しの比重が減り、公定歩合操作は効果が薄くなっています。代わりに用いられるのが、公開市場操作です（☞128ページ）。

# 53 「準備預金制度」が 金融政策の手段だった

## 💴 日銀の「預金準備率」とは

　公定歩合の操作に続く第二の金融政策手段は、「**預金準備率**」の操作です。実は、預金準備率の操作も、現在ではあまり重要でない金融政策の手段になっています。

　しかし、日銀に預金を準備する制度があることは、金融のしくみとして重要なので、ここで知っておきましょう。

　預金を準備するとは、具体的には民間の銀行が日銀に預金口座を持って、預金を預けることです。

　日銀は「銀行の銀行」ですから（☞120ページ）、国内のすべての金融機関は日銀に預金口座を持ち、一定額以上の預金をしておくことになっています。

　この預金が「**準備預金**」で、準備預金を義務づける制度が「**準備預金制度**」とか「**支払準備制度**」と呼ばれるものです。

　準備預金を義務づけられる額は、銀行の預金残高に対する比率で決まり、この比率が「**預金準備率**」になります。

　この制度はもともと、銀行の顧客に対する預金払戻しなどを確実にするためのものです。また、銀行間の決済などにも、この準備預金の口座が利用されています。

## 💴 預金準備率を下げると資金供給量が増える

　そこで、金融政策の手段として預金準備率を操作する方法ですが、世の中に出回るお金——資金供給量を増やしたいときは、日銀が預金準備率を引き下げます。

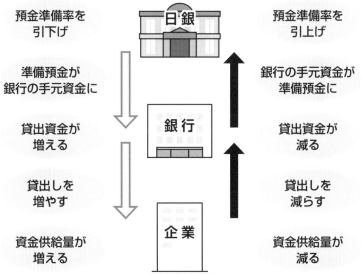

### 預金準備率を操作する金融政策の手段

日銀

預金準備率を
引下げ

預金準備率を
引上げ

準備預金が
銀行の手元資金に

銀行の手元資金が
準備預金に

銀行

貸出資金が
増える

貸出資金が
減る

貸出しを
増やす

貸出しを
減らす

企業

資金供給量が
増える

資金供給量が
減る

金利の自由化が進んだ現在、預金準備率の操作は
重要な金融政策の手段ではなくなりました

　すると銀行は、何もしないでも準備預金に預ける額が減るので、手元の資金が増えるでしょう。貸出しに回せる資金も増えるので、資金供給量が増えるのです。

　資金供給量の増加は銀行の貸出金利を引き下げ、経済の活性化にもつながります（☞130ページ）。逆に、資金供給量を減らして景気の過熱を抑制したい場合などは、預金準備率を引き上げるわけです。

　ただし最初に述べたように、預金準備率の操作は、現在ではあまり重要ではなくなっています。金利の自由化が進んだ経済では、その効果が弱くなるためです。

# 日銀が行なう「政策金利」の利上げ・利下げとは

## 金利操作の対象は「無担保コールレート翌日物」

　公定歩合が政策金利としての意味を失いつつあるいま、代わりに金利操作の対象として利用されているのが、資金市場の金利のひとつである「コールレート」です。

　具体的には、資金市場のうち、コール市場の「**無担保コールレート**」（オーバーナイト物、翌日物☞96ページ）を利用します。これは無担保で、翌日には決済するごく短期の貸出しの金利です。

　日銀はこの金利を操作し、目標とする利率に誘導する方法をとっています。そこで現在では、この誘導目標の上げ下げを日銀の「**利上げ**」「**利下げ**」と呼ぶのです。

　利上げになれば景気が抑制され、利下げなら景気を刺激する効果が期待できます（☞26ページ）。

## 政策金利に誘導する「公開市場操作」

　コールレートは市場の金利なので、公定歩合のように日銀が決めることはできません。そこで日銀は、直接、市場の取引に参加して、金利を変動させる方法をとっています。

　たとえば、市場の金利が目標より低いときは、日銀が市場で資金を借り入れるのです。すると資金の需要が増えるので、金利は上昇するでしょう。

　金利を下げたいときは、逆に市場で資金を貸し出すと金利が下がり、目標とする利率に近づきます。

　このように、目標とする政策金利に誘導するため、公開の場で、

## 日銀の公開市場操作とは

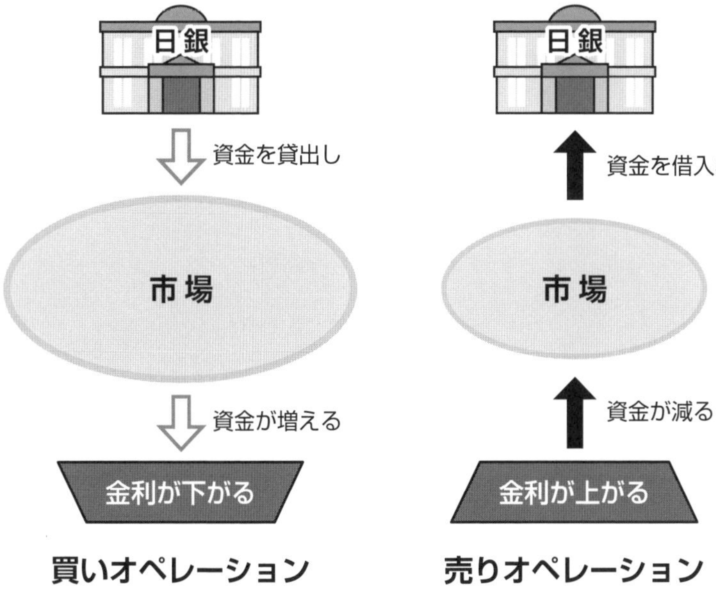


このようにして操作された金利が基準となって
市場の他の短期金利に影響を与えます

市場の金利を操作するのが「**公開市場操作**」です。公開市場操作は、最も重要な金融政策の手段になっています。

公開市場操作によって誘導された無担保コールレート翌日物の金利は、市場の基準となって他の短期金利に影響を与え、市場全体の金利を誘導するわけです。

公開市場操作は「**オペレーション**」ともいうので、日銀が市場に資金を供給する操作は「**買いオペレーション**」、市場から資金を吸収する操作を「**売りオペレーション**」と呼びます。

これが有名な「**買いオペ**」「**売りオペ**」です。

# 55 日銀の「量的・質的金融緩和」とは どういうものか

## ¥ 「金融緩和」とは何をすることか

日銀が最優先の目的とするのは、物価の安定です。物価の安定のためには、経済の好況が欠かせません。

そこで、金利を引き下げたり、供給する資金量を増やしたりして、経済を好況に導く金融政策がとられます。これが「**金融緩和**」です。

金融緩和の政策手段としては、従来、政策金利を引き下げて、それを長期金利の下降につなげるのが一般的でした。

たとえば、90年代にバブルが崩壊したとき、コールレート無担保翌日物（☞前項）は0.02％程度まで下げられました。手数料を含めて考えると、実質的にゼロ％。これが「**ゼロ金利**」です。

## ¥ 金利ではなく資金の量を操作する「量的金融緩和」

ゼロ金利政策はいったん解除されますが、2000年代初めにＩＴバブルが崩壊すると、再び復活します。このとき、同時に日銀が導入したのが、資金供給量を増やす政策です。買いオペで金融機関が保有する債券などを買い入れ、準備預金（☞126ページ）などが入っている当座預金残高を増やしました。

要するに、市場にお金を余らせてデフレから脱却し、経済を好況に導こうということです。金利を下げる従来の金融緩和に対して、資金の量を操作することから、これを「**量的金融緩和**」といいます。

## ¥ 量ではなく長期金利に働きかける「質的金融緩和」

量的金融緩和政策もいったん解除されますが、2013年には再び量

## 量的金融緩和と質的金融緩和の違い

| 量的金融緩和 | 質的金融緩和 |
|---|---|

日 銀

債券などを
買入れ　　代金を
支払い

**市 場**

資金が増える

短期金利が下がる

日 銀

国債を
買入れ　　代金を
支払い

**市 場**

利回りが下がる

長期金利が下がる

質的金融緩和では、国債を大量に買い入れて直接、
長期金利に働きかけます

的金融緩和を推進するとして、操作の対象を短期金利から資金の供
給量に変更することが決定されます。

　このとき、同時に開始されたのが**大規模な国債の買入れ**です。国
債の買入れによって従来、市場の動向によって決まり、操作できな
いとされていた長期金利に働きかけることにしたのです。

　資金の量ではなく「質」に踏み込んだことから、これを「**質的金
融緩和**」といいます。当時の日銀総裁が「これまでと次元が異なる」
と発言したことから、「**異次元緩和**」とも呼ばれました。（次項に続
く）

# 56 「マイナス金利」とは どういうことだろう

## ¥ 質的金融緩和は長期金利を操作できるか

質的金融緩和がそれまでの量的金融緩和と異なるのは、国債の購入などを通じて**長期金利も操作**しようという点です。

長期金利は、市場が予想する将来の短期金利のようなもので、実質経済成長率や物価上昇率などの予測から決まり、中央銀行などが操作できないものとされていました。

一方で、企業が借りる設備投資資金や、個人の住宅ローンの金利にも影響を与えるため、非常に重要な利率です。

この長期金利の指標としては、新規発行の償還期間10年国債利回り――「新発10年国債利回り」が利用されています。

そこで、日銀が国債を大量に買い入れるとどうなるでしょうか。国債の利回りが下がるのです。つまり、長期金利も下がるというのが、質的金融緩和の根拠です。

## ¥ 「政策金利残高」をマイナス金利にする

2016年には、日銀は「マイナス金利」と「長短金利操作」を導入します。正確にいえば、1月に「マイナス金利付き量的・質的金融緩和」を、9月に「長短金利操作付き量的・質的金融緩和」を導入しました。

**マイナス金利**とは、短期の政策金利をマイナスの利率にするということです。

といっても、たとえば日銀の当座預金をマイナスの金利にしたのでは、預金をしている金融機関が逆に日銀に金利を支払うことにな

## 日銀がマイナス金利にした政策金利残高とは

日銀当座預金残高

| 政策金利残高 | ← △0.1% | 基礎残高とマクロ加算残高を超える残高 |
| マクロ加算残高 | ← 0.0% | 所要準備額や一定の計算で加算される残高など |
| 基礎残高 | ← 1.0% | これまで所要準備額を超えて預けていた残高 |

政策金利残高の利率を短期の政策金利とするので
政策金利残高という名前になっています

ってしまいたいへんです。

　そこで日銀は、準備預金制度（☞126ページ）の準備額を含む残高を３つに分け、上の図の「**政策金利残高**」の金利だけをマイナスとしました。

　そして、政策金利残高の金利を短期の政策金利（☞124ページ）として、公開市場操作により、コールレート無担保翌日物の金利を政策金利に誘導しています。

### ¥ 「新発10年国債利回り」も操作する

　一方、長期金利については、前述の新発10年国債利回りを操作目標として、公開市場操作により国債の買いオペを行なうのです。これが**長短金利操作**です。

　日銀は、マイナス金利と大量の国債買入れの組み合わせが、短期、長期の金利全体に影響を与えるうえで有効な方法だとしています。

# 57 金融政策と目的が同じ 政府の「財政政策」

## 💴 政府の財政政策と日銀の金融政策の関係は

　日銀の金融政策に対して、政府が税金を集め、それを資金として公共のサービスや施設を提供する活動を「**財政政策**」といいます。

　財政政策は、金融政策とあまり関係なく見えますが、実は深い関係にあります。というのは財政政策の、少なくとも経済に関係する部分は、金融政策と目的を同じくするからです。

　「国民経済の健全な発展に資する」（☞120ページ）という目的では、日銀の金融政策も政府の財政政策も同じといえるでしょう。

　たとえば政府は、景気が停滞するときに税金を減らす――減税を行なって、景気の回復を促したりします。これは、日銀が政策金利を下げるのと同じ効果を狙ったものといえるでしょう。

## 💴 「財政出動」も量的金融緩和と目的が同じ

　減税だけで景気回復が望めないときは、公共事業など政府の支出を大きく増やして、直接的に消費を拡大することもします。

　これを「**財政出動**」といいますが、このとき政府の目的は世の中に出回るお金を増やすことです。お金が余れば金利が下がり、景気がよくなるからです。

　一方、日銀は、金融機関から債券を買い入れる量的金融緩和を行なっていますが、これも市場にお金を余らせることを目的にしています（☞130ページ）。

　政府の財政政策は、日銀の金融政策と目的もしくみもよく似ているのです。

## 日銀の金融政策と政府の財政政策

金融政策

財政政策

金利引下げ　　　　税金を減税

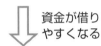
市場

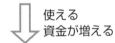
経済

資金が借り
やすくなる

使える
資金が増える

消費や設備投資
が増える

消費や設備投資
が増える

景気が
よくなる

景気が
よくなる

景気回復

景気回復

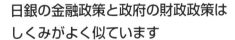
日銀の金融政策と政府の財政政策は
しくみがよく似ています

# 58 政府の金融規制と「日本版金融ビッグバン」

## Ⓨ「金融庁」が金融制度の立案、監督などにあたる

　政府はまた、金融システムの安定のために金融市場や金融機関に関するルールを定め、金融取引に一定の制限を加えることも行ないます。これが「**金融規制**」と呼ばれるものです。

　金融規制では、金利の上限を定めたり、取引に一定の制限を加えたり、金融機関の業務内容を制限したりします。一部は、金融機関の自主規制機関が定めている場合がありますが、金融規制のほとんどは法律として定められたものです。

　こうした法律の立案、それに金融機関の検査、監督などにあたっているのが「**金融庁**」です。右の図にあるように、2007年には旧証券取引法が改正され「**金融商品取引法**」となりましたが、この法律を管轄するのも金融庁です。

　公正な金融取引を監督する役割の「**証券取引等監視委員会**」も、金融庁のもとに設置されています。

## Ⓨ 日本の金融のしくみを変えた金融システム改革

　そもそも、日本の金融のしくみが現在の形になっているのも、時の政府が提唱し推進した「**日本版金融ビッグバン**」の結果です。

　日本版金融ビッグバンとは、1998年から行なわれた大規模な**金融システム改革**をいいます。1980年代にイギリスで行なわれた金融制度改革が「ビッグバン」と呼ばれたのになぞらえた呼び名です。

　日本版のビッグバンでは、右の図のような改革が行なわれました。その結果として、現在の金融のしくみがあるわけです。

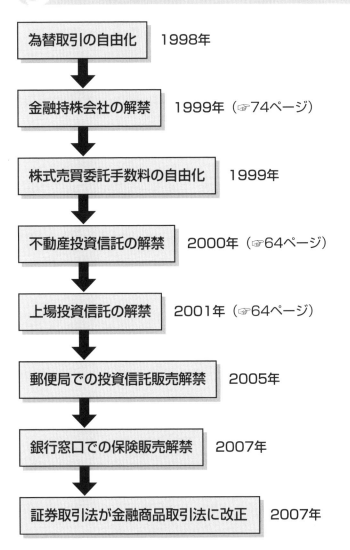

## 日本版金融ビッグバンによる主な改革

為替取引の自由化　1998年

↓

金融持株会社の解禁　1999年（☞74ページ）

↓

株式売買委託手数料の自由化　1999年

↓

不動産投資信託の解禁　2000年（☞64ページ）

↓

上場投資信託の解禁　2001年（☞64ページ）

↓

郵便局での投資信託販売解禁　2005年

↓

銀行窓口での保険販売解禁　2007年

↓

証券取引法が金融商品取引法に改正　2007年

1996年に時の内閣が提唱し、
1998年に金融システム改革法が成立しました

# 「イールドカーブ・コントロール」って何？

　近年の日銀の金融政策について、よく登場するのが「イールドカーブ・コントロール」という用語です。イールド（yield）は、「利回り」を意味します。

　国債などの債券の利回りは通常時、償還までの残存期間が長いと高く、短いと低くなるのがふつうです。そこで、縦軸に債券の残存期間、横軸に最終利回りをとって、各債券の点をプロットしてつなぐと、右上がりの曲線になります。これがイールドカーブ（順イールド）です。

　ただし、金融引締め時は、残存期間が長いほど利回りが下がり、右下がりの曲線になります。「逆イールド」と呼ばれるものです。

　また、金融政策で短期の金利を操作すると、残存期間の短い債券の利回りが上がり、曲線の傾きが小さくなります。「フラット化」と呼ぶ現象です（傾きが大きくなるのは「スティープ化」）。

　そこで2013年から日銀が行なったのが、短期の金利だけでなく、中長期の金利も引き下げることにより、イールドカーブ全体を押し下げることでした。これが「イールドカーブ・コントロール」（YCC）です。

　短期金利はマイナス金利の適用などにより、長期金利は長期国債の買入れにより（☞132ページ）、イールドカーブ全体をコントロールしようとしたわけです。ですから、このイールドカーブ・コントロールは、「長短金利操作」といえます。

**7**章

「金融危機」は
なぜ起こるのだろう

Finance

# 「金融の自由化」が危機を引き起こしやすくした

## Ⓨ 世界中で金融の自由化が進んだ

　前章でふれた日本版金融ビッグバンのような規制の緩和、撤廃は、総称して「**金融の自由化**」と呼ばれます。金融の自由化は、日本に先駆けて欧米で進みました。

　とくにアメリカでは、すでに1983年には金利の自由化が始まり、1999年に銀行と証券の分離を定めた法律が廃止されて、金融の自由化が完了したとされます。

　こうした金融の自由化の結果として、現在の巨大な金融システムや、ローリスク・ローリターンからハイリスク・ハイリターンまで多彩な金融商品があるわけです。

## Ⓨ 世界金融危機の一因は金融の自由化？

　しかしその反面、そうした金融の自由化の流れが、あの世界金融危機を引き起こしたという指摘もあります。なぜなら、世界金融危機の別名といってよいリーマン・ショック（☞146ページ）、その予兆といえるアメリカの住宅バブル崩壊、その発端となったのが「**サブプライムローン**」だったからです。

　サブプライムローンは、一面では「**証券化**」（☞164ページ）という金融技術の華々しい成果ですが、一面では金融の自由化が生んだ金融商品です。

　アメリカで進んだ金融の自由化がなければ、生まれなかった金融商品でした。その意味では、金融の自由化が世界金融危機の少なくとも一因になっていたのは間違いありません。

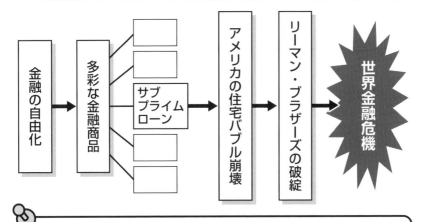

**金融の自由化が世界金融危機を引き起こしたのか？**

金融の自由化 → 多彩な金融商品 → サブプライムローン → アメリカの住宅バブル崩壊 → リーマン・ブラザーズの破綻 → 世界金融危機

金融の自由化が多彩な金融商品を生み出した
という意味では世界金融危機の一因になっています

## 「金融危機」とはどういうことか

　「**金融危機**」とは、金融恐慌までには至っていないが、金融恐慌に近い危機的な状況というほどの意味です。金融機関の破綻や信用収縮（☞146ページ）、それにともなう企業の倒産などが起こります。

　さらに進むと、金融機関の資金不足であらゆる決済ができなくなり、預金者が預金の引出しに殺到する「取付け」や、銀行の支払い停止に至りますが、そこまでいくと「**金融恐慌**」といえるでしょう。

　世界金融危機が、金融恐慌までに至らなかったのは、世界各国の政府と中央銀行がさまざまな対策を講じたからです。

　たとえば2008年の10月には、欧米6か国の中央銀行が同時に利下げを発表しました。「**協調利下げ**」が行なわれたわけです。

　こうして金融恐慌は避けられましたが、世界の金融が受けたダメージは大きく、現在も完全に回復してはいないという人もいます。

# 60 「金融のグローバル化」で世界は不安定に

## 💴 外貨預金も外国株式も自由に買える

　日本版金融ビッグバンには、改革の三原則というものがありました。フリー（自由な市場）、フェア（公正な市場）、そして第三の原則が「グローバル」です。

　その原則どおり、日本でも「**金融のグローバル化**」が進み、現在では日本企業が直接、海外で資金を調達するようなことも珍しくありません。

　私たち個人も、外貨預金をしたり、外国株式や外国債券、外貨建て投資信託を買ったり、自由にできるようになっています。

## 💴 世界の金融市場は連動して動く

　金融のグローバル化が進んだ背景は、ひとつには経済自体のグローバル化です。現在では、国境を越えたビジネスが当たり前で、輸出入や海外への投資も障壁が低くなっています。

　経済——実物経済（☞18ページ）のグローバル化が進めば、それを支えるマネー経済もグローバル化するのは当然です。

　しかし、金融自体のグローバル化が進んだ面も軽視できません。世界各国で進められた金融の自由化が、国家間の規制緩和も進めてグローバル化を推進したのです。

　いまや、世界の金融市場は連動して動いています。株価が海外の株価の影響を受け、連動して動くのがいい例です。

　世界各国の金融市場が、まるでひとつの巨大なグローバル金融市場のようになっています。

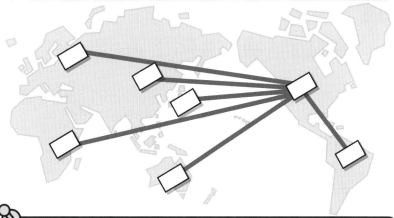

## 不良債権のリスクは世界中に広がっていた

金融のグローバル化により、後に不良債権と化す証券を
世界中の金融機関が買っていました

## グローバル化でリスクは大きくなった

　金融のグローバル化には、世界の市場が効率化するなどのメリットもあります。しかし、ひとつの市場の暴落が他の市場の暴落に連動するなど、市場を不安定にする面もあるでしょう。

　また、グローバル化によって、リスクがいつの間にか世界中に広がっていることもあります。そのひとつの例が世界金融危機です。

　発端になった**サブプライムローン**は、もともとアメリカ国内の住宅ローンのひとつに過ぎませんでした。

　しかし、それが証券化され、世界中の金融機関が購入したのです。そして、アメリカの住宅バブルが崩壊し、証券化されたサブプライムローンは不良債権と化しました。

　この不良債権のリスクは、いつの間にか世界中に広がっていたことになります。

# 61 かくして 「金融危機」は起こる

## ¥ サブプライムローンとはどういうものだったか

　サブプライムローンが不良債権化し、やがて金融危機に発展する過程は「**サブプライムローン危機**」などと呼ばれます。これについて、大ざっぱに見ておきましょう。

　サブプライムローンとは、アメリカの住宅ローンの一種です。サブプライム——優良よりランク下の、返済されないリスクが少し高い、しかしその分金利の高いローンでした。

　これをアメリカのローン会社が債権として抱えていれば、問題はアメリカの国内だけで済んだのです。しかしここで、ローンの**証券化**（☞164ページ）が行なわれました。

　しかも、サブプライムローンの場合には、貸出債権をバラバラにしたり、別のものを混ぜたり、かなり複雑なことが行なわれたようです。

　なぜそんなことをしたかというと、格付（☞54ページ）がＡＡＡになるように加工したのです。その過程では別の金融機関も加わって、非常に複雑なことが行なわれました。

　そして、それを世界中の金融機関に売り出します。ＡＡＡの格付けを信じた世界中の金融機関は、それを大量に買い込みました。

## ¥ サブプライムローンは不良債権と化した

　サブプライムローンを証券化した商品が世界中に広がったところで、アメリカの住宅バブルがはじけます。住宅価格の上昇が止まり、下落し始めたのです。

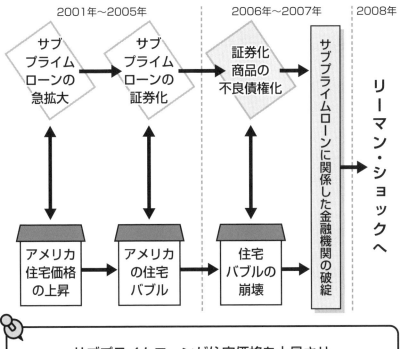

サブプライムローンとアメリカの住宅バブル

サブプライムローンが住宅価格を上昇させ、
住宅バブルがローンの証券化を進めました

　住宅を高値で売ってローンを返済し、残った利益を得ようという
目論見は外れて、返済は滞り始め、差し押さえが増え続けます。サ
ブプライムローンは、いまや不良債権と化しました。

　ところが、この不良債権は証券化され、世界中に散らばっていま
す。しかも債権をバラバラにしたり、別のものを混ぜたりしている
ので、どこの誰がどれだけ不良債権を持っているかもわかりません。

　誰も信用できないので、お金を融通しようという人はいなくなり、
金融は機能しなくなります。この状態が、リーマン・ショックにつ
ながっていくのです。（次項に続く）

# 62 「リーマン・ショック」とは 何だったのか

## (¥)「信用収縮」とはどういうことか

　サブプライムローン危機では、取引している金融機関が大量の不良債権を持っているのではないかと、疑心暗鬼が広がりました。

　これではお金を貸し出すことが怖くなり、できれば貸しているお金も引き上げたくなるでしょう。つまり、「貸し渋り」や「貸し剥がし」が蔓延します。

　このような状況を英語では「**クレジット・クランチ**」、日本語では「**信用収縮**」とか「信用危機」、「信用逼迫」と呼びます。金融にとって最も重要な「信用」が、危機に直面したのです。

## (¥) 大手投資銀行リーマン・ブラザーズの破綻

　こうした信用収縮が進むなか、リーマン・ショックの年、2008年のアメリカでは、サブプライムローンに関係する大手企業の事実上の破綻が相次ぎます。

　5月には大手証券会社が救済のための合併、9月には2つの大手住宅金融会社が政府の管理下に入り事実上の国有化。

　そして9月15日、大手投資銀行グループのリーマン・ブラザーズが連邦倒産法の適用を申請します。これは日本の民事再生法にあたりますから、文字どおりの倒産です。

　リーマン・ブラザーズ破綻後の数日も、連鎖は止まりません。大手証券会社が大手銀行グループに救済のための合併、さらに大手保険会社、大手投資銀行（☞82ページ）が破綻寸前に追い込まれました。

## リーマン・ブラザーズ破綻の前後

`2008年`

| 5月 | 9月 | 15日 | | | | 29日 | 10月 |
|---|---|---|---|---|---|---|---|
| 大手証券ベア・スターンズ、JPモルガンが救済合併 | 大手住宅金融ファニーメイ、フレディーマック、政府の管理下に | リーマン・ブラザーズ、破綻を申請 | 大手投資銀行ゴールドマン・サックス、モルガン・スタンレー、銀行持株会社移行を発表 | 大手保険AIG、事実上の国有化 | 大手証券メリルリンチ、バンク・オブ・アメリカが救済合併 | 米議会、経済安定化法を否決　株価、史上最大級の下げ幅 | 米議会、経済安定化法を修正可決 |

> リーマン・ブラザーズ破綻の前にも後にも
> 大手金融機関の事実上の破綻が続いていました

## ¥ そしてダウ平均は史上最大の下げ幅に

　9月29日、アメリカ議会は金融危機対策のための法案を、何と否決してしまいます。選挙が近かったため議員たちは、有権者の反感が強い大手金融機関の救済に反対したというのが通説です。

　この日、ダウ平均（☞99ページ）は、史上最大級の下げ幅777ドル安を記録しました。

　そして10月3日、議会は法案の修正案を可決。破綻寸前の大手金融機関に公的資金が注入されることになって、連鎖に歯止めがかかったのです。

　とはいえ、世界金融危機が残した傷は大きなものでした。

　世界金融危機の影響を受けた主要国では、アメリカと同様に大手金融機関の破綻が相次ぎ、景気後退に陥ります。そのため各国は、大幅な金融緩和政策をとらなければなりませんでした。

# 63

# 「バブル」は
# なぜ起きてはじけるのか

## (¥) 相場の上昇に歯止めがかからない

　アメリカの住宅バブルもそうですが、ふくらむ局面では際限なく相場が上昇を続けます。

　一般の商品では、価格の上昇とともに需要が減る——買う人が少なくなって、価格上昇に歯止めがかかるのに対して、バブル現象では上昇に歯止めがかかりません。

　これは、そもそもの買う目的が違うからです。バブルの下で買う目的は、ひと言でいえばキャピタルゲイン（☞30ページ）です。買うときの価格は、ある意味では関係ありません。

　売るときに、買ったとき以上の価格になっていて、値上がり益が出るなら買う、という計算が、まるで天井のない相場上昇をつくり出すメカニズムなのです。

　バブルが始まる理由は、バブルごとにさまざまですが、このメカニズムは変わりません。これこそがバブルの特質です。

## (¥) はじけなかったバブルはない

　まるで天井がないように見えた相場上昇も、いつかは終わります。バブルが終わる理由も、バブルごとにさまざまですが、歴史上、はじけなかったバブルはありません。

　これが「**バブル崩壊**」です。右に、歴史上のバブルの例をあげておきます。

　バブルが崩壊するときはほとんどの場合、相場が暴落します。ですから、下降やしぼむではなく「崩壊」「はじける」となるのです。

## 歴史上の主なバブルの例

### 1630年代オランダ

当時、オスマン帝国からもたらされたばかりのチューリップの球根が投機の対象。記録に残る、世界最初のバブルといわれる。

### 1920年代アメリカ

史上最大規模のバブル。株価が上昇し続けたが「暗黒の木曜日」「悲劇の火曜日」で崩壊し、世界恐慌、第2次世界大戦につながる。

### 1980年代日本

円高による景気悪化をくい止めるための低金利が「金余り」を引き起こし、不動産価格と株価が高騰した。1990年代に崩壊。

### 1999年アメリカ

インターネット関連株が急上昇し「ドットコム・バブル」と呼ばれた。2000年に崩壊。アマゾンやグーグルがその後、急成長した。

他にもいくつかのバブル現象があるが、
崩壊しなかったバブルはひとつもありません

# 64 ヘッジファンドが引き起こした「通貨危機」

## ¥ 1997年に起こった「アジア通貨危機」とは

為替市場では「**通貨危機**」と呼ばれるものがあります。ある国の通貨の対外的な価値が急激に下がり、その国の金融、経済に大きな混乱を引き起こすことです。

たとえば、1997年の「アジア通貨危機」では、タイの通貨バーツに始まり、フィリピンのペソ、韓国ウォンと、次々に暴落しました。その結果、タイ、インドネシア、韓国がIMF（国際通貨基金）の救済を受けて管理下に入る事態になったのです。

この通貨危機を仕掛けたのが「**ヘッジファンド**」と呼ばれる投資集団です。

## ¥ ヘッジファンドは特殊な投資集団

ヘッジファンドとは、アメリカで誕生した特殊な形態の投資集団のことをいいます。ごく少人数の大資産家などから巨額の出資を受け、資金を運用するのが特徴です。

投資信託と似たしくみですが、出資者が少人数のため規制を受けにくく、外部からは実態がわかりにくくなっています。

その名は、デリバティブなどの手法でリスクヘッジ（☞156ページ）を行なうところからきていますが、現在では、巨額の資金を運用するファンドの代名詞です。

そこで、アジア通貨危機ですが、ヘッジファンドの目的は、標的にした通貨を通貨安に陥れ、為替レートの差を利益として手に入れることです。そのためにヘッジファンドは、通貨のカラ売り（☞

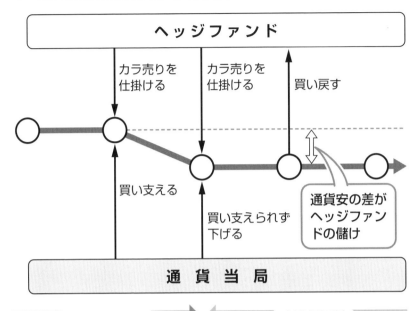

## ヘッジファンドが通貨危機を引き起こした方法

**ヘッジファンド**

カラ売りを
仕掛ける

カラ売りを
仕掛ける

買い戻す

買い支える

買い支えられず
下げる

通貨安の差が
ヘッジファン
ドの儲け

**通 貨 当 局**

ドルペッグ制　　　　　　　変動相場制

巨大な資金力とレバレッジにものをいわせ、
買え支えられなくなるまでカラ売りをたたみかけます

102ページ）を仕掛けます。

　当時、標的とされた国々は、為替レートに「**ドルペッグ制**」を採用していました。金利の調節や為替介入によって、対米ドルの為替レートを一定の範囲にする、一種の固定相場制です。

　ですから、通貨当局はカラ売りに対して当然、為替介入を行なって買い支えますが、通貨当局が買い支えられなくなったとき、固定相場制は崩れて通貨安になります。安くなったところで、カラ売りした通貨を買い戻せば、ヘッジファンドは利益を手にするわけです。

# 金融システムを守る「バーゼルⅠ、Ⅱ、Ⅲ」

金融システムを脅かす、さまざまなリスクに対して、国際社会は手をこまねいていたわけではありません。

金融システムを健全に保つために、「国際金融規制」「バーゼル規制」と呼ばれる国際ルールが定められ、日本も含む多くの国の金融規制として採用されています。

国際金融規制は、各国の銀行監督当局と中央銀行による「バーゼル銀行監督委員会」により策定されました。

バーゼルは、委員会が置かれているスイスの都市の名前です。各国の合意により策定されるので、「バーゼル合意」とも呼ばれます。主に、国際的に活動する銀行の、自己資本比率などについて定めたものです。

最初の合意は、1988年に策定されました。これを「バーゼルⅠ」と呼んでいます。国際的に活動する銀行の自己資本比率が8％以上と定められ、当時の話題になりました。

2004年には改定されて「バーゼルⅡ」、そして2008年のリーマン・ショック（☞146ページ）を受けて「バーゼルⅢ」が策定されています。

なお、バーゼル銀行監督委員会の常設事務局が国際決済銀行（BIS＝Bank for International Settlements）にあることから、「BIS規制」と呼ばれることもありますが、BISとバーゼル銀行監督委員会は別の組織です。

# 8章

# 市場を発展させてきた
# 「金融技術」

Finance

# 65 「デリバティブ」とは 要するに何か

## ¥ 金融商品から派生する約束や権利などを取引する

英単語としての「**デリバティブ**」（derivative）は、「派生的」とか「副次的」といった意味です。そこで「**金融派生商品**」などと訳されるわけですが、何が派生しているのでしょうか。

デリバティブで取引するのは、たとえば元の金融商品の「将来売買する約束」、「将来売買する権利」、「将来にわたって発生する利息の交換」などです。

こうした約束、権利、交換などは、元の金融商品があってこそ派生するものなので金融派生商品＝デリバティブといいます。

ではなぜ、そのようなものを取引するかというと、ひとつには**元の金融商品のリスクを低下させる**ためです。

ほとんどの金融商品には価格変動などのリスクがあります。しかし、後で説明するように（☞次項）、デリバティブを利用すると、そのリスクを低下させることができるのです。

一方、逆にデリバティブでリスクを大きくとると、**少ない資金で大きな利益を狙う**こともできます。

## ¥ デリバティブの取引にも３種類ある

デリバティブには必ず、元になる金融商品があります。これを「**原資産**」といいますが、原資産によっても「**金利デリバティブ**」「**為替デリバティブ**」といった分類ができるわけです。

また、デリバティブの取引には、大きく分けて「**先物取引**」「**オプション取引**」「**スワップ取引**」の３つがあります。

## デリバティブは大きく3つに分けられる

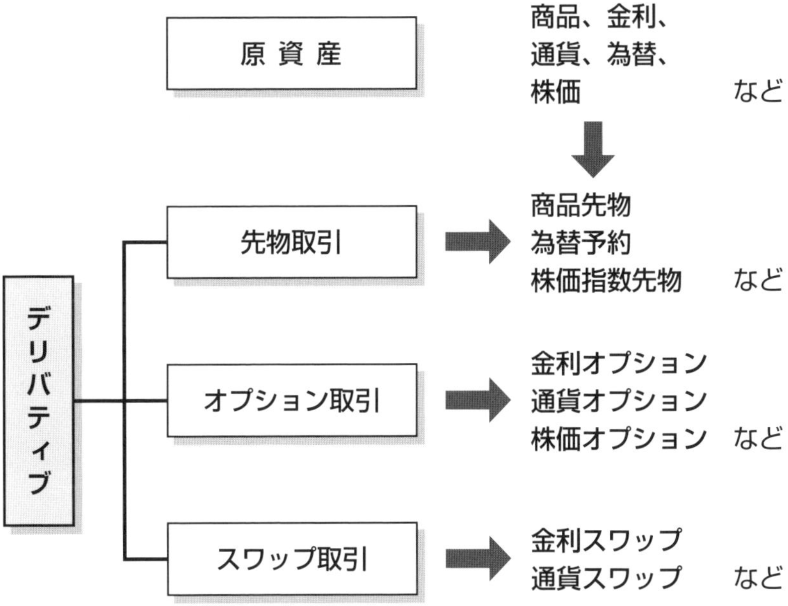

| | | |
|---|---|---|
| 原 資 産 | 商品、金利、通貨、為替、株価 | など |

↓

| | | |
|---|---|---|
| 先物取引 → | 商品先物 為替予約 株価指数先物 | など |
| オプション取引 → | 金利オプション 通貨オプション 株価オプション | など |
| スワップ取引 → | 金利スワップ 通貨スワップ | など |

デリバティブ

さらに原資産の種類によって
さまざまなデリバティブ取引が開発されています

　それぞれはこの後、具体的に説明しますが、簡単にいうと先ほど例としてあげた約束、権利、利息の交換を取引するのが、この3つのデリバティブです。

　これらの組み合わせから、上の図にあげたようなさまざまなデリバティブが開発されています。

　もっとも現在では、先物とオプションを組み合わせた**先物オプション**、スワップとオプションを組み合わせた**スワップオプション**などもあり、全体像を知るのは、簡単ではありません。

　この章では、基本的に知っておきたいことを説明しましょう。

# リスクヘッジに利用される「先物取引」

## （¥）先物取引はリスクヘッジの代表格

デリバティブには、前にふれたように「**上場デリバティブ**」と「**店頭デリバティブ**」があります（☞106ページ）。取引所で取引される上場デリバティブの代表格が**先物取引**です。

先物取引は、これも前にふれたように、将来の売買について、いま約束をする取引のことをいいます。約束するのは、将来の売買の期日、それに価格と数量です。

その目的は、価格変動のリスクを低下させることにあります。リスクを低下させることを**リスクヘッジ**（損失回避）といいますが、先物取引は価格変動のリスクヘッジとして代表的なものです。

## （¥）「買いヘッジ」と「売りヘッジ」がある

先物取引を使ったリスクヘッジには、「**買いヘッジ**」と「**売りヘッジ**」の2つがあります。

買い手が将来の値上がりリスクをヘッジするために、いま価格を決めて買う約束をするのが買いヘッジです。逆に、売り手が値下がりリスクをヘッジするために約束するのは、売りヘッジとなります。

ひとつの先物取引でも、買い手から見れば買いヘッジ、売り手の立場に立てば売りヘッジが目的になるわけです。

## （¥）「反対売買」で利益を確定させることも

ヘッジではなく、利益を目的にした先物取引では、約束した期日まで待たずに利益を確定させることもできます。そのためによく使

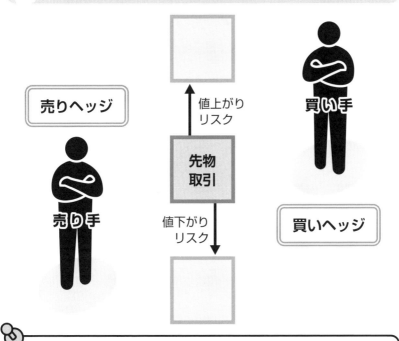

売り手は「売りヘッジ」、買い手は「買いヘッジ」

売りヘッジ

売り手

先物
取引

値上がり
リスク

値下がり
リスク

買い手

買いヘッジ

ただし、予想どおり値上がり（値下がり）しないと、
先物取引より安く（高く）売買する機会を逃すことも

われるのが「**反対売買**」です。

　反対売買では、当初の先物取引と売り買いを反対にした売買を行ないます。当初、先物を買った場合は売り、売った場合は買うわけです。

　たとえば、当初1,000円で買った先物が1,100円に値上がりしていたとすると、同じ先物を1,100円で売ります。

　この方法のメリットは、1,000円と1,100円の両方を決済しないで、差額の利益100円だけを受け取ればよいことです。これを「**差額決済**」とか「**差金決済**」といいます。

# 67 「オプション取引」では権利を取引する

## ¥ 権利の行使、放棄が選択できる

　「**オプション取引**」は、決めた期間と価格、数量で売買する権利を取引します。というと先物取引と同じようですが、**約束ではなく、権利である**点が異なります。

　つまり先物取引では、買い手、売り手ともに約束を実行しなければならないのに対して、オプションの買い手は買った権利を行使しなくてもよいのです。オプションとは、選択できる権利のことです。

　たとえば、将来100円で買う権利を買ったとして、その期日になったら市場価格が90円だったという場合は、権利を放棄します。権利を行使するより、市場で買ったほうがトクだからです。

　ただし、オプションの買い手は、最初に権利の対価を支払わなければなりません。これを「**オプション・プレミアム**」とか「**プレミアム**」といいます。

　権利を行使しなかった場合でも、プレミアムは返ってきません。

　一方、オプションの売り手は、権利が行使された場合に無条件で応じる義務があります。市場価格が高くても安くても、買い手の権利行使に応じることが必要です。

## ¥ 「コールオプション」と「プットオプション」がある

　オプション取引の対象は、先物取引と同じく「原資産」と呼びます（☞154ページ）。原資産の売買価格は当初から決めておきますが、これを「**行使価格**」といいます。

　オプション取引で取引されるのは、原資産を買う権利と、原資産

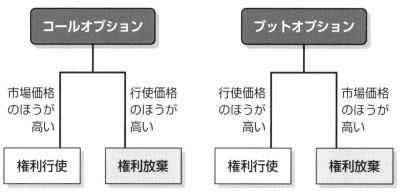

コールオプションとプットオプション

| コールオプション | | プットオプション | |
| --- | --- | --- | --- |
| 市場価格のほうが高い | 行使価格のほうが高い | 行使価格のほうが高い | 市場価格のほうが高い |
| 権利行使 | 権利放棄 | 権利行使 | 権利放棄 |

買い手は権利放棄できるが売り手は選択できません。
買い手が払ったプレミアムは権利放棄しても戻りません

を売る権利です。オプションの買い手は、買う権利を買う場合と、売る権利を買う場合があることになります。

買う権利を買うのが「**コールオプション**」で、売る権利を買うのが「**プットオプション**」です。

コールオプションでは上の図のように、市場価格が行使価格より低い場合に権利放棄します。市場で買ったほうが、トクだからです。

反対にプットオプションでは、市場価格が行使価格より高いときに権利放棄します。市場で売れば、権利を行使した場合より高い価格で売れることでしょう。

ちなみに、オプション取引も先物取引と同様、反対売買ができます。実はプレミアムも、市場で価格が変動するので、反対売買によって利益を狙うことが可能です。

たとえば、オプションが安いときに買って、価格が上がったら反対売買を行なうと、差額を利益として受け取ることができます。

# 68 お互いに利息を交換する「スワップ取引」

## ¥「金利スワップ」と「通貨スワップ」が代表的

　スワップは「交換」の意味。何を交換するかというと、**利息**です。固定金利と変動金利の利息を交換したり、円と外国通貨の利息を交換したりします。

　たとえば、2つの会社が金額、期間の同じ借入金を持っていたとして、一方は固定金利を変動金利に変更したいと考え、もう一方は逆に、変動金利を固定金利に変えたいと考えていたとします。

　このとき、両者の利息を交換する取引を行なうのです。実際には、お互いに相手の利息を相手に支払うことで、実質的に利息の交換ができます。このような取引を「**金利スワップ**」といいます。

　もうひとつの代表的なスワップ取引は「**通貨スワップ**」です。こちらは、利息とととともに元本も交換します。相手の利息と元本を相手に支払うと、実質的に交換ができます。

## ¥ スワップ取引で金利や為替の変動リスクをヘッジ

　このようなスワップ取引を行なう目的は、金利や為替の変動リスクをヘッジすることです。

　たとえば今後、金利が下がると考える場合、固定金利より変動金利が有利になります。逆に金利が上がると考えれば、固定金利のほうが有利です。そこで両者のスワップ取引を行なうわけです。

　またたとえば、ドル建ての債券を購入した場合など、円の利息、元本とスワップしておけば、為替の変動リスクをヘッジすることができます。

## 金利スワップと通貨スワップ

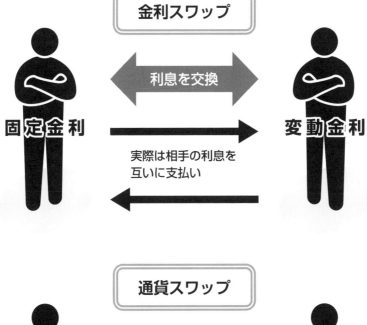

金利スワップ

利息を交換

固定金利 ⟶ 変動金利

実際は相手の利息を
互いに支払い

通貨スワップ

利息、元本を交換

円

外国通貨

実際は相手の利息、
元本を互いに支払い

このようなスワップ取引で
金利や為替の変動リスクがヘッジできます

# 69 マネー経済を巨大な流れにした「レバレッジ」

## ¥ 先物取引とオプション取引の売りは証拠金取引

デリバティブの先物取引には、もうひとつ押さえておきたい特徴があります。それは、先物取引が**証拠金取引**だということです。

取引をする人は一定の証拠金の払込みを求められますが、証拠金の何倍もの取引ができます。

なぜ証拠金取引になっているかというと、先物取引では差金決済（☞157ページ）ができるからです。

仮に投資家が損害を被っても、買値と売値の差額を支払えるだけの証拠金があれば、決済ができることになります。

なお、オプション取引はコールでもプットでも、売りの場合が証拠金取引です。

買いは権利放棄してもプレミアムだけの損害で済みますが、売りは買いの権利行使に対して無制限に応じなければならないからです。

## ¥ 証拠金取引の「レバレッジ効果」とは

証拠金取引では、手持ちの資金の何倍もの取引ができます。梃子（てこ：レバー）を使って通常の何倍もの重量を持ち上げるように、小さな資金で大きな取引をすることが可能です。

このような現象を「**レバレッジ効果**」といい、レバレッジ効果を利用することを「レバレッジを効かせる」といいます。

レバレッジを効かせる証拠金取引としては、ほかにＦＸがおなじみでしょう（☞66ページ）。また、株式の信用取引も、倍率は高くないもののレバレッジを効かせることができます（☞102ページ）。

## 大きな取引を可能にするレバレッジとは

レバレッジは梃子（てこ）の原理。
小さな資金で大きな取引を可能にします

## ¥ レバレッジがマネー経済を何倍にもしている

　銀行に預金をすることで生まれる**信用創造**（☞80ページ）も、一種のレバレッジだという説があります。たしかに、最初に預金された資金の、何倍もの預金が増えるのが信用創造です。

　信用創造も含めてこうしたレバレッジが、金融市場の取引を巨大なものにしているのは間違いありません。

　もともと実物経済を支えるためのマネー経済（☞18ページ）が、実物経済の何倍もの巨大な流れになったのはそのためでしょう。

　と同時に私たちは、取引や預金されている金額の背景に、同じだけの資金が存在すると勘違いしてはいけません。

　株式の時価総額（☞51ページ）もそうですが、マネー経済を流れるお金のかなりの部分は実際の資金の裏付けがない、単なる**計算上の金額**なのです。

# 70

## 世界金融危機の原因といわれた「証券化」

### (¥) 証券化は企業にも投資家にもメリットが多い

　**証券化**は、リーマン・ショックのときに金融危機の元凶のようにいわれたこともありましたが、金融にとって重要な技術です。人によっては、デリバティブと並ぶ金融技術の成果という人もいます。

　簡単にいうと証券化は、企業が持つ債権や不動産を証券の形にして、投資家に売り出す方法です。

　債権や不動産は担保の役目をはたし、一方、その債権や不動産が生み出すキャッシュ（キャッシュフロー）が返済の原資になります。

　企業は証券化によって、保有する債券や不動産から資金を調達するための、新たな手段を手に入れることが可能です。

　また、企業自体の信用力が弱い場合でも、債権や不動産の価値に応じた資金調達ができます。

　投資家にとっても、企業ではなく債権や不動産に直接、投資できるのがメリットです。証券なのでほとんどの場合、比較的少額から投資ができます。

### (¥) 企業から独立したSPVが運用する

　ここでは不動産を例に、証券化のしくみを見てみましょう。

　証券化の対象とする不動産などを「**原資産**」といいますが、一般的な証券化では原資産の管理運用だけを行なうＳＰＶ（**特定目的事業体**）という事業体が設立されます。

　ＳＰＶは、企業（オリジネーター）から不動産の譲渡を受けますが、企業からも投資家からも独立した存在です。このＳＰＶが、不

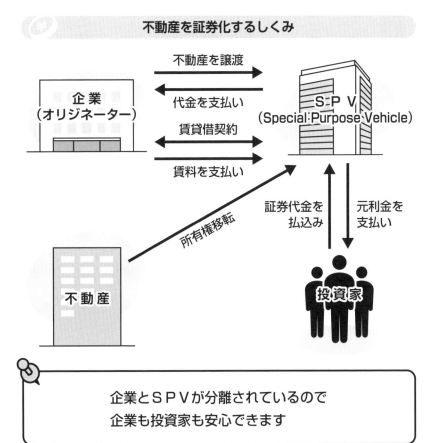

## 不動産を証券化するしくみ

不動産を譲渡

企業
（オリジネーター）

代金を支払い

賃貸借契約

賃料を支払い

S P V
(Special Purpose Vehicle)

所有権移転

不動産

証券代金を
払込み

元利金を
支払い

投資家

企業とＳＰＶが分離されているので
企業も投資家も安心できます

動産を裏付けとして証券を発行します。

　このような企業と不動産を分けるしくみによって、投資家は企業の業績に関係なく、安心して証券の購入ができるわけです。

　ＳＰＶは、その証券代金によって企業に不動産の購入代金を支払うことができます。

　もし企業が従来どおり、不動産を社屋などとして使用したい場合は、ＳＰＶと不動産賃貸借契約を結び、賃借料を支払うことが必要です。ＳＰＶはその賃借料を原資として、投資家に証券の元利金を支払うのです。

# 71

# 当たり前になった
# 「電子マネー」と「暗号資産」

## ¥ 電子マネーの決済金額は2022年に6兆円超

近年、決済手段として存在感を増しているのが、**電子マネー**と**暗号資産（仮想通貨）**です。日銀も、決済に関する統計「決済動向」に2014年から電子マネーの項目を立て、統計をとりはじめました。

それによると、2022年の電子マネーによる決済金額は6兆841億円と、6兆円の大台を超えています。

統計の脚注によると、これは右にあげた8社8種類が調査対象で、各社から提供されたデータを集計したものです。交通系の乗車や乗車券購入は含めていないとのこと。

この6兆841億円という決済金額は、同じく2022年の日本の実質ＧＤＰ547.5兆円（2022年10－12月期速報値の年率換算）の1％強にあたります。

ただし、決済金額6兆841億円に対する決済件数は58億8,200万件で、1件あたりの決済金額は1,034円と比較的少額です。

電子マネーは主に、1,000円程度の少額決済に利用されているのかもしれません。

ちなみに、右の8種類を合計した発行枚数は5億21万枚、うち携帯電話が5,697万台とあるのは、おサイフケータイなどの利用数のことでしょう。

## ¥ 暗号資産も決済手段、消費税は非課税

ビットコインに代表される暗号資産（仮想通貨）も、通常の決済に利用されることはまだ少ないようです。

## この8枚で年間決済額6兆円超

**事業系** **交通系**

| 楽天Edy | SUGOCA | ICOCA | PASMO |

**流通系**

| Suica | Kitaca | WAON | nanaco |

金額は6兆841億円、件数は58億8,200万件、
発行枚数5億21万枚、うち携帯電話5,697万台

　ただし、仮想通貨に関する法整備は着々と進んでいます。2016年に改正された資金決済法（資金決済に関する法律）では、暗号資産が資金決済の手段と定義されました。

　しかし、同時に税法が改正されなかったため、一時期、資金決済の手段であるにも関わらず、取引時にはモノとして消費税が課税される状態にありました。

　現在ではそれも改正され、暗号資産の取引は**消費税非課税**です。

　ちなみに電子マネーのほうは、当初から資金決済法上の「前払式支払手段」とされ、消費税非課税でした。

　なお、改正資金決済法では同時に、暗号資産取引所の登録制導入、取引所による利用者への適切な情報提供、信託銀行のような利用者財産の分別管理なども定められています。

　また、マネー・ローンダリング対策として、利用者の本人確認も義務づけられました。

# 72 そして金融は「フィンテック」へ

## ¥ フィンテックは「ファイナンス×テクノロジー」

2015年ころから、日本の新聞などで「フィンテック」ということばが見られるようになりました。フィンテックの「フィン」はファイナンスのFin、「テック」はテクノロジーのTechです。

つまり、金融のテクノロジーですが、この場合のテクノロジーはインフォメーション・テクノロジー、すなわち主に**ITの技術**をさします。

金融とITを組み合わせた新しい技術やサービス、ビジネスがフィンテックなのです。

実際、フィンテックでは右のような、これまでの金融機関にない斬新なサービスが次々に登場しています。

とくに、スマートフォンのアプリとインターネットを駆使して、いつでもどこでも利用できる環境をつくり出し、ITのプロならではの快適な操作性を提供しているところは、フィンテックならではといえるでしょう。

## ¥ リーマン・ショックがフィンテックを生んだ？

フィンテックの潮流が生まれるキッカケのひとつになったのが、あのリーマン・ショック（☞146ページ）だといわれています。

ひとつには、リーマン・ショックによって金融業界を去らねばならなかった人、とくに技術者が大量にIT業界に移り、新しいサービスやビジネスを起ち上げたという点です。

もうひとつは、リーマン・ショック後の貸し渋りなどで、既存の

## フィンテックで登場した斬新なサービスの例

| | | | |
|---|---|---|---|
| スマホのアプリでサービスを提供する手数料無料の銀行 | 口座の入出金明細を自動で集めて管理する家計簿アプリ | 小口の支援を集めるクラウドファンディング | 質問に答えると資産運用をしてくれるロボアドバイザー |
| 個人でも無担保でもお金が借りられるオンラインの融資サービス | お金の借り手を貸し手とつなぐマッチングサービス | メアドとパスワードだけでできるクレジットカード決済 | スマホのイヤホンジャックにさすクレジットカード決済機 |

リーマン・ショックで金融機関に抱いた不信感により
人々は新しい金融サービスを歓迎したといわれます

金融機関に対する不信感、不満感が高じ、新しい金融サービスが人々に歓迎されたという側面です。

日本では、リーマン・ショックによってそのような状況にはならなかったので、アメリカに追随する形でサービスが始まりました。

アメリカでの発展ぶりを見るならば、日本のフィンテックもまだまだこれから、利用者とともに成長していくことでしょう。

# さくいん

## さ

# おわりに

　最後までお読みいただき、ありがとうございます。

　あまり金融になじみのなかった人には、いろいろな部分で腑に落ちる点があったものと確信しています。また、金融関係に強い方でも、何らかのヒントを得られたはずと自負しています。

　金融というのは生活にも深くかかわっていて、経済をまわす基本ですが、簡単に理解できるものではないかもしれません。しかし、最近よく目にする"金融不安"についても、その根っこをたどると歴史的に繰り返されている事象なのです。

　ビジネスにおいても社会生活においても、本書の内容を知っておくことで一見不安定に見える現象が、「金融のしくみ」のなかで動いていると理解できると思います。

　ただし、本書を活用していただきたいのは、そういった教養のためだけではなく、読者の皆さまの未来のための準備作業になってほしいという願いがあるのです。本書が皆さまの未来につながるようにお役立ていただければ、これほどうれしいことはありません。

　最後に、本書を発刊するにあたり、執筆にご協力いただいた和田秀実氏、および製作に携わったアニモ出版の小林良彦氏や関係者の皆さまに感謝申し上げます。

神谷　俊彦

**神谷俊彦**（かみや　としひこ）

大阪府出身。大阪大学基礎工学部卒業。中小企業診断士、ITコーディネータ、M&Aシニアエキスパート。富士フイルム(株)にて技術・マーケティング部門で35年勤務後、独立。現在、（一般社団法人）城西コンサルタントグループ（JCG）会長として、会員とともに中小企業支援を行なっている。同時に、ものづくり経営コンサルタント会社(株)ケービーシーを設立して代表取締役に就任し、現在に至る。得意分野は、ものづくり支援、海外展開支援、IT化支援など。金融事情にも精通している。

著書・共著書に、『資金繰りで困る前に読む本』『図解でわかる経営計画の基本 いちばん最初に読む本』『図解でわかるDX いちばん最初に読む本』『図解でわかる品質管理 いちばん最初に読む本』(以上、アニモ出版) など多数ある。

【JCG：URL】https://jcg-net.com/

図解でわかる金融のしくみ いちばん最初に読む本
【改訂2版】

2017年8月5日　　初版発行
2023年6月15日　　改訂2版発行

監修者　神谷俊彦

発行者　吉溪慎太郎

発行所　株式会社アニモ出版
　　　　〒162-0832 東京都新宿区岩戸町12 レベッカビル
　　　　TEL 03(5206)8505　FAX 03(6265)0130
　　　　http://www.animo-pub.co.jp/